Livre de données sur le tir sportif

Ce livre fait partie de :

Ce livre de tir sportif de qualité supérieure, pratique et facile à utiliser, avec une couverture moderne et de qualité supérieure pour les tireurs, les tireurs, les tireurs, les tireurs, est conçu de manière professionnelle pour vous aider à tenir des registres détaillés des dates, heures, lieu, arme à feu, type de viseur, munitions, profondeur d'assise, distance, poudre, amorce, laiton, pages de tableau.

Livre de données sur le tir sportif

Date: ________________   Temps: _________

Localisation: _______________________________

Conditions météorologiques

☐   ☐   ☐   ☐   ☐   ☐

Armes à feu:	
Balle:	Profondeur d'assise:
Poudre:	Céréales:
L'abécédaire:	
Laiton:	
Distance:	

Résultats globaux

☐ Mauvais   ☐ Juste   ☐ Bon   ☐ Excellent

Notes complémentaires

____

____

☆ ☆ ☆ ☆ ☆

Une idée de cadeau parfaite pour les débutants et les professionnels

Livre de données sur le tir sportif

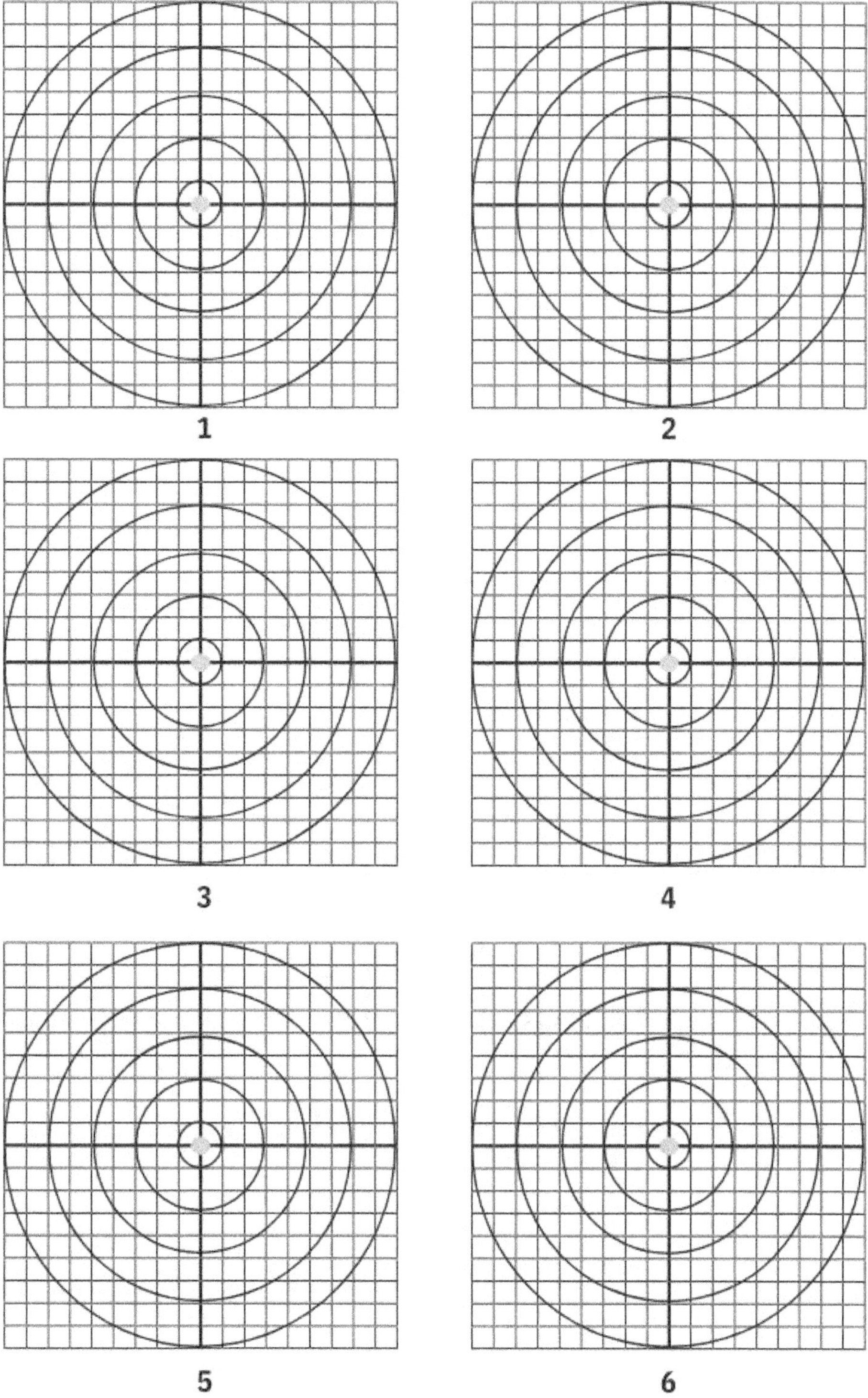

Une idée de cadeau parfaite pour les débutants et les professionnels

Livre de données sur le tir sportif

📅 Date: _________________ 🕐 Temps: _________

📍 Localisation: _______________________________

Conditions météorologiques

☀ ☐ ⛅ ☐ 🌥 ☐ 🌦 ☐ 🌧 ☐ 🌨 ☐ 🚩 ___ 🌡 ___

Armes à feu:	
Balle:	Profondeur d'assise:
Poudre:	Céréales:
L'abécédaire:	
Laiton:	
Distance:	

Résultats globaux

☐ Mauvais ☐ Juste ☐ Bon ☐ Excellent

Notes complémentaires

____

____

____

☆ ☆ ☆ ☆ ☆

Une idée de cadeau parfaite pour les débutants et les professionnels

Livre de données sur le tir sportif

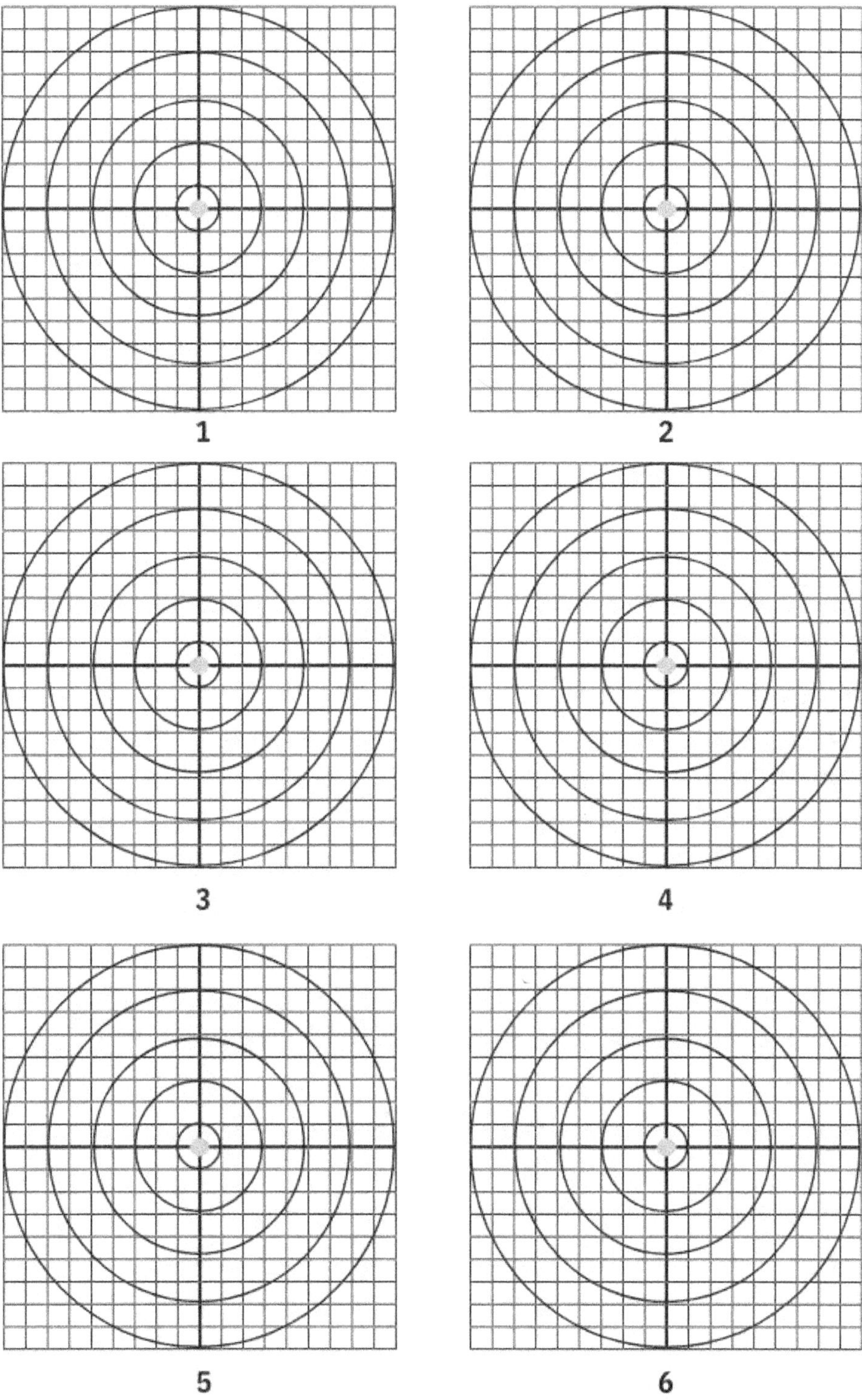

Une idée de cadeau parfaite pour les débutants et les professionnels

Livre de données sur le tir sportif

Date: ________________ Temps: __________

Localisation: ________________________________

Conditions météorologiques

☐   ☐   ☐   ☐   ☐   ☐   ____   ____

Armes à feu:	
Balle:	Profondeur d'assise:
Poudre:	Céréales:
L'abécédaire:	
Laiton:	
Distance:	

Résultats globaux

☐ Mauvais   ☐ Juste   ☐ Bon   ☐ Excellent

Notes complémentaires

____

____

____

☆ ☆ ☆ ☆ ☆

Une idée de cadeau parfaite pour les débutants et les professionnels

Livre de données sur le tir sportif

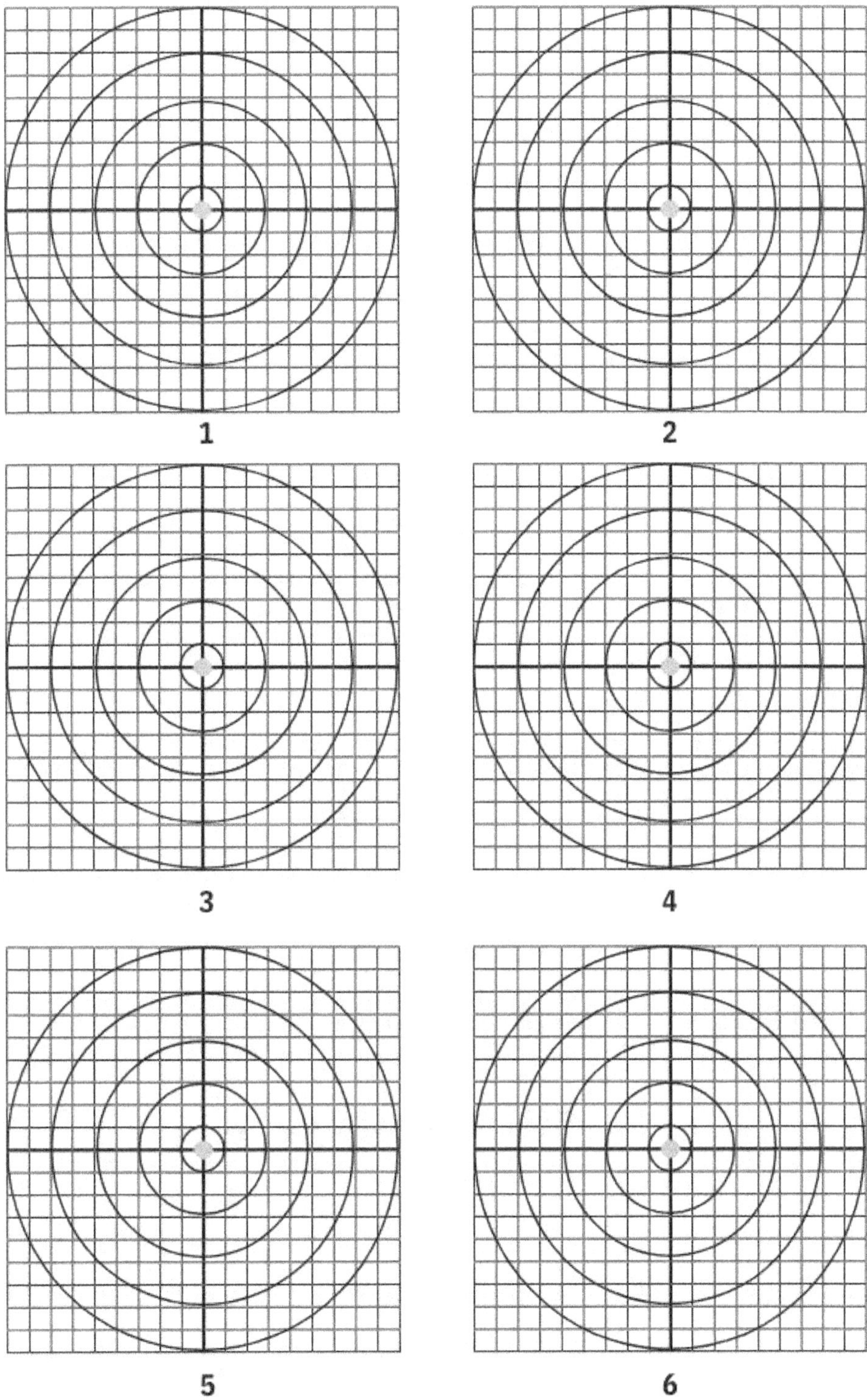

Une idée de cadeau parfaite pour les débutants et les professionnels

Livre de données sur le tir sportif

Date: _______________________   Temps: _________

Localisation: _________________________________

Conditions météorologiques

☐ ☐ ☐ ☐ ☐ ☐ _______   _______

Armes à feu:	
Balle:	Profondeur d'assise:
Poudre:	Céréales:
L'abécédaire:	
Laiton:	
Distance:	

Résultats globaux

☐ Mauvais   ☐ Juste   ☐ Bon   ☐ Excellent

Notes complémentaires

____

____

____

☆ ☆ ☆ ☆ ☆

Une idée de cadeau parfaite pour les débutants et les professionnels

Livre de données sur le tir sportif

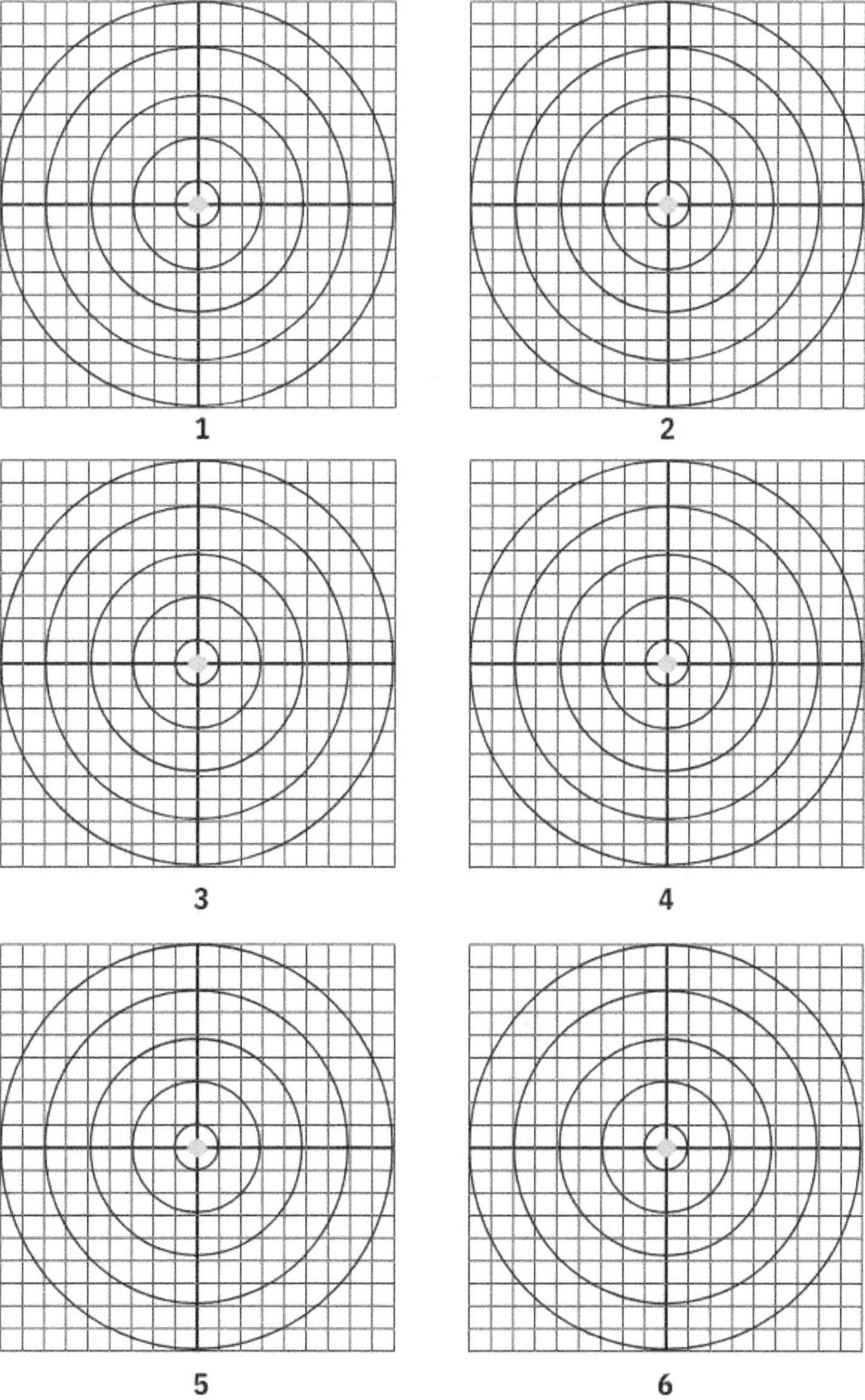

Une idée de cadeau parfaite pour les débutants et les professionnels

Livre de données sur le tir sportif

Date: _________________ Temps: _________

Localisation: ______________________

Conditions météorologiques

☐ ☐ ☐ ☐ ☐ ☐ ______ ______

Armes à feu:	
Balle:	Profondeur d'assise:
Poudre:	Céréales:
L'abécédaire:	
Laiton:	
Distance:	

Résultats globaux

☐ Mauvais ☐ Juste ☐ Bon ☐ Excellent

Notes complémentaires

____

____

____

☆ ☆ ☆ ☆ ☆

Une idée de cadeau parfaite pour les débutants et les professionnels

Livre de données sur le tir sportif

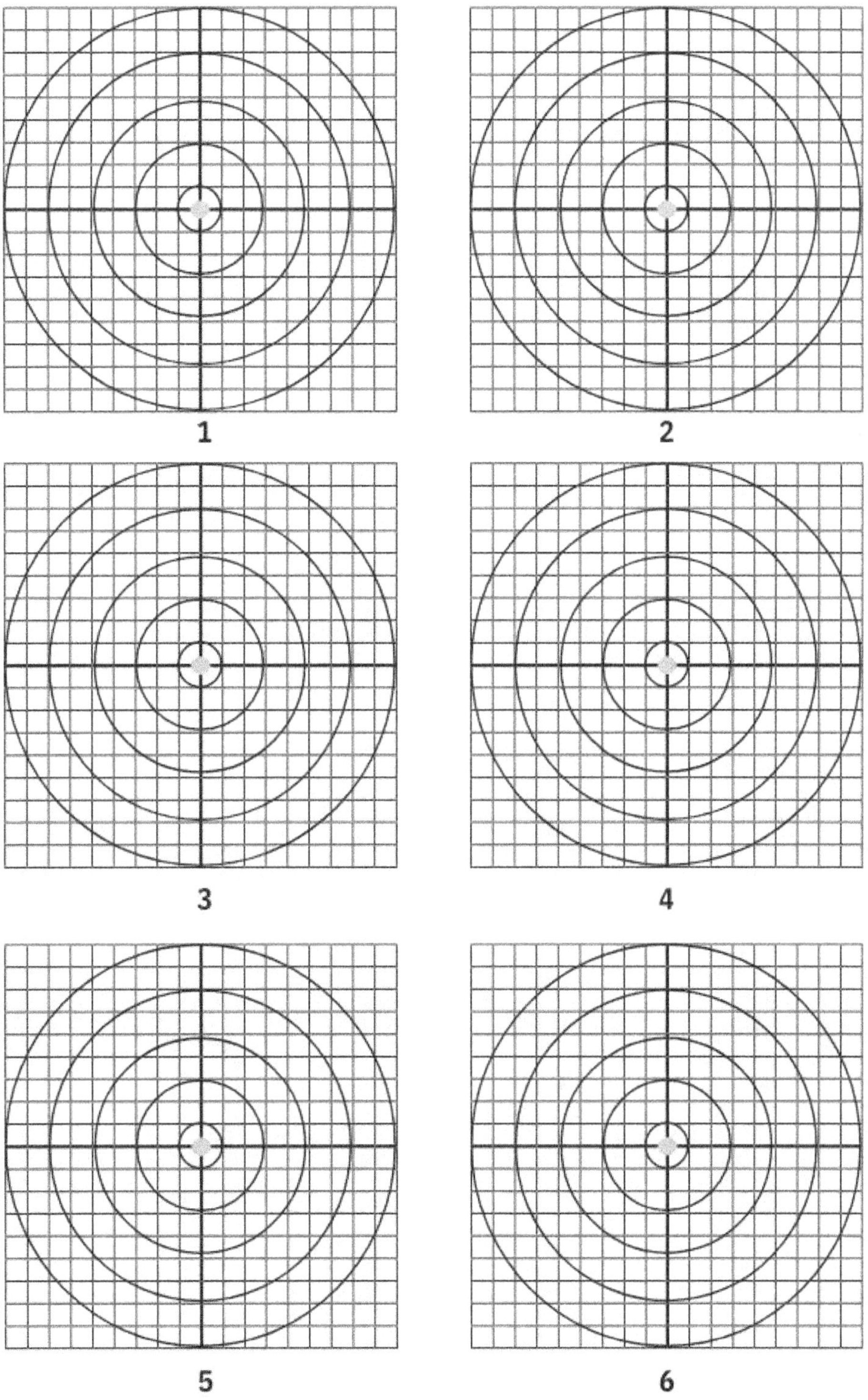

Une idée de cadeau parfaite pour les débutants et les professionnels

Livre de données sur le tir sportif

Date: ___________________   Temps: ___________

Localisation: ___________________________________

Conditions météorologiques

☐   ☐   ☐   ☐   ☐   ☐   ____   ____

Armes à feu:	
Balle:	Profondeur d'assise:
Poudre:	Céréales:
L'abécédaire:	
Laiton:	
Distance:	

Résultats globaux

☐ Mauvais   ☐ Juste   ☐ Bon   ☐ Excellent

Notes complémentaires

____

____

____

☆ ☆ ☆ ☆ ☆

Une idée de cadeau parfaite pour les débutants et les professionnels

Livre de données sur le tir sportif

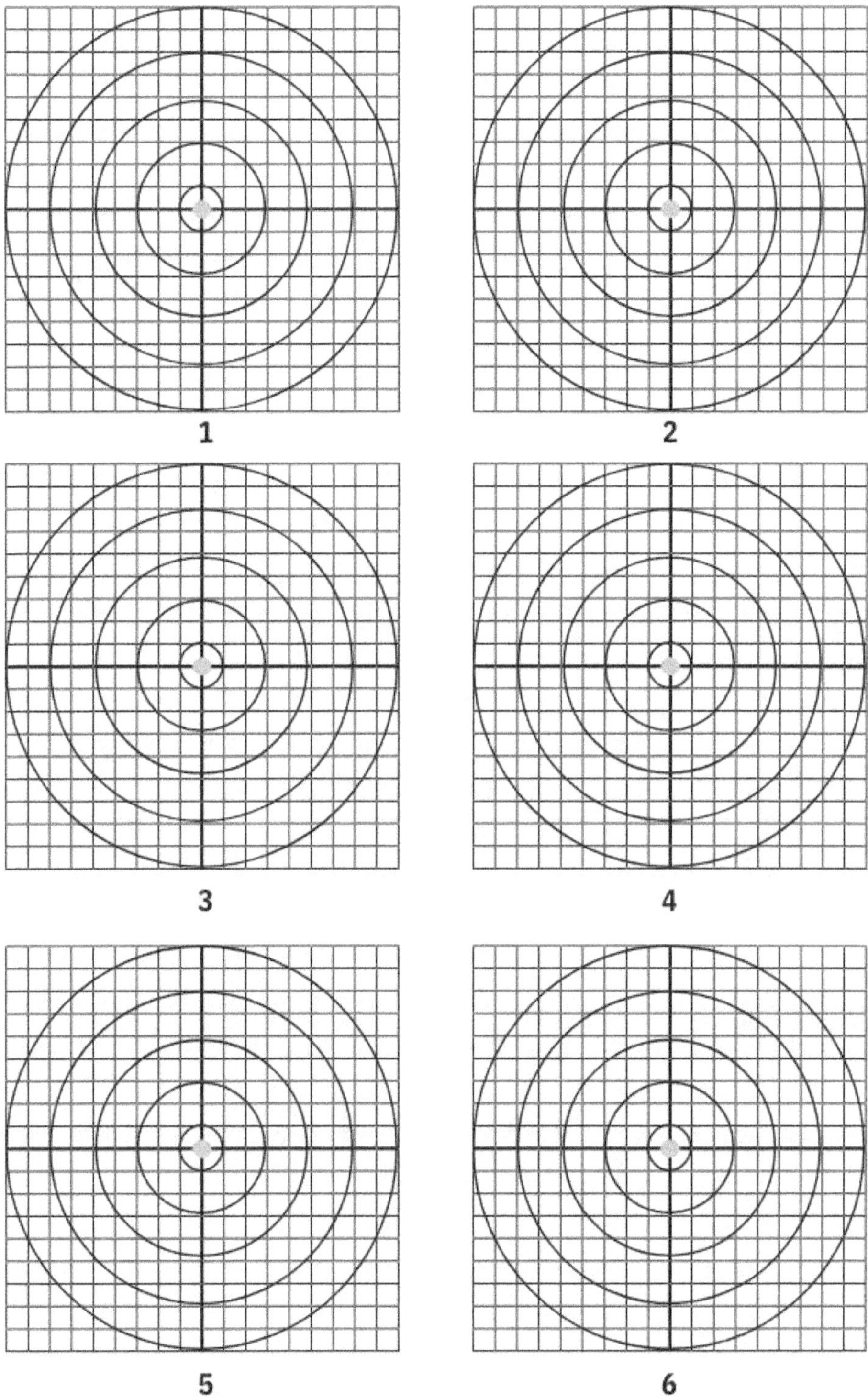

Une idée de cadeau parfaite pour les débutants et les professionnels

Livre de données sur le tir sportif

📅 Date: _________________ 🕐 Temps: _________

📍 Localisation: _______________________________

Conditions météorologiques

☐ ☐ ☐ ☐ ☐ ☐

Armes à feu:	
Balle:	Profondeur d'assise:
Poudre:	Céréales:
L'abécédaire:	
Laiton:	
Distance:	

Résultats globaux

☐ Mauvais ☐ Juste ☐ Bon ☐ Excellent

Notes complémentaires

____

____

☆ ☆ ☆ ☆ ☆

Une idée de cadeau parfaite pour les débutants et les professionnels

Livre de données sur le tir sportif

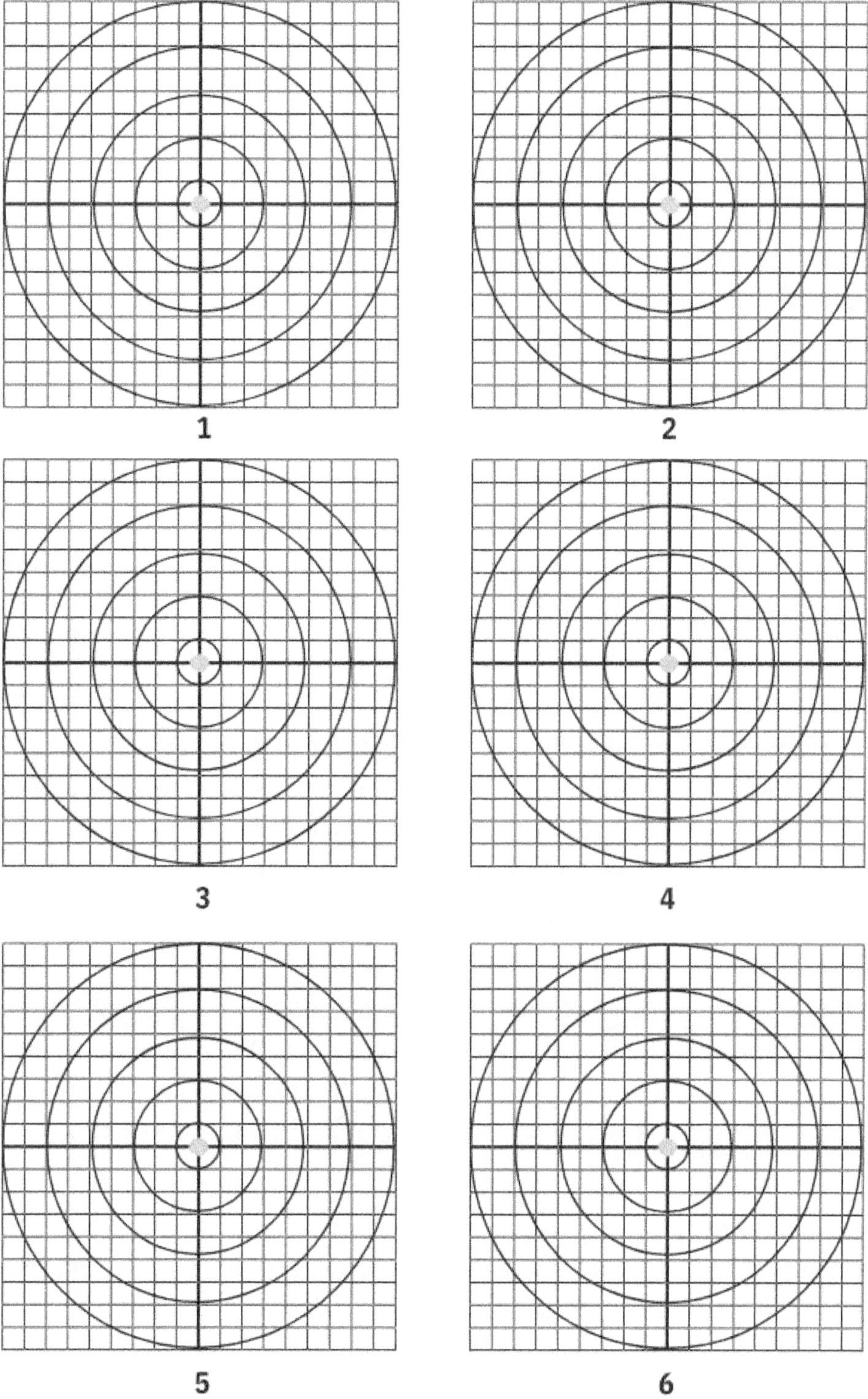

Une idée de cadeau parfaite pour les débutants et les professionnels

Livre de données sur le tir sportif

📅 Date: _______________________   🕐 Temps: __________

📍 Localisation: _________________________________

Conditions météorologiques

☐   ☐   ☐   ☐   ☐   ☐   _______   _______

Armes à feu:	
Balle:	Profondeur d'assise:
Poudre:	Céréales:
L'abécédaire:	
Laiton:	
Distance:	

Résultats globaux

☐ Mauvais   ☐ Juste   ☐ Bon   ☐ Excellent

Notes complémentaires

____

____

____

☆ ☆ ☆ ☆ ☆

Une idée de cadeau parfaite pour les débutants et les professionnels

Livre de données sur le tir sportif

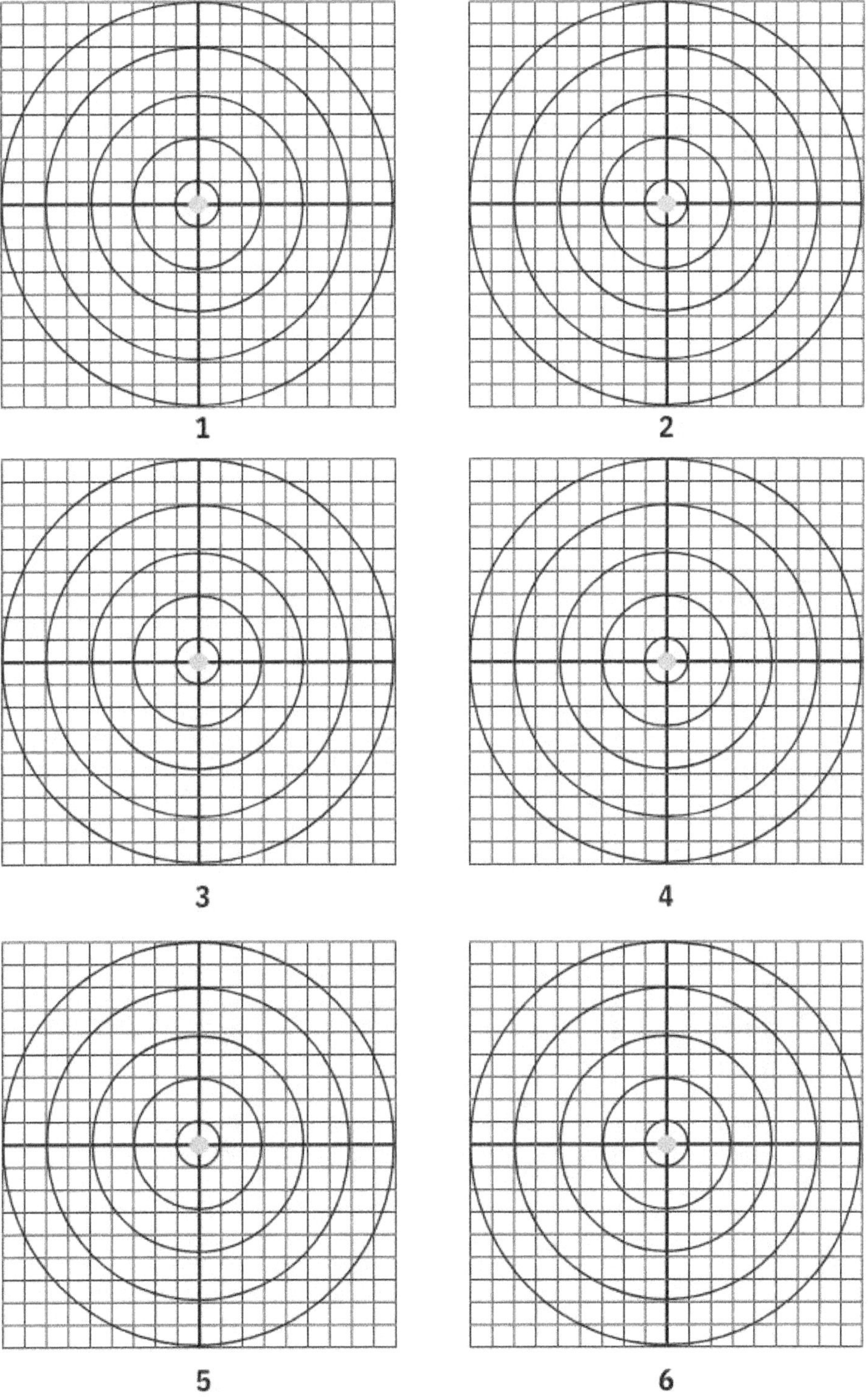

Une idée de cadeau parfaite pour les débutants et les professionnels

Livre de données sur le tir sportif

Date: _________________   Temps: _________

Localisation: _________________________

Conditions météorologiques

☐   ☐   ☐   ☐   ☐   ☐   ___   ___

Armes à feu:	
Balle:	Profondeur d'assise:
Poudre:	Céréales:
L'abécédaire:	
Laiton:	
Distance:	

Résultats globaux

☐ Mauvais   ☐ Juste   ☐ Bon   ☐ Excellent

Notes complémentaires

____

____

____

☆ ☆ ☆ ☆ ☆

Une idée de cadeau parfaite pour les débutants et les professionnels

Livre de données sur le tir sportif

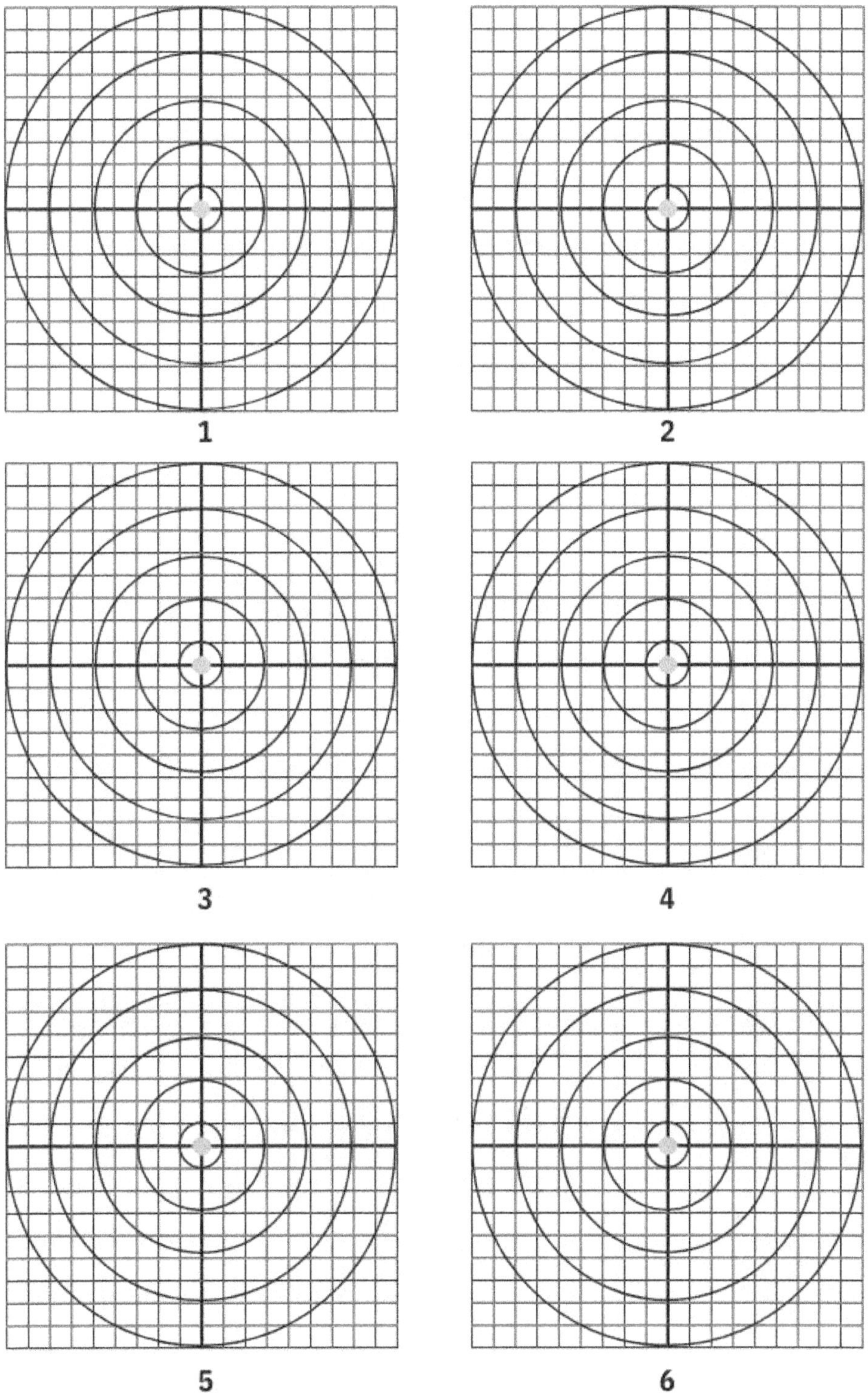

Une idée de cadeau parfaite pour les débutants et les professionnels

Livre de données sur le tir sportif

📅 Date: ________________   🕐 Temps: _________

📍 Localisation: _______________________________

Conditions météorologiques

☀ ☐   ⛅ ☐   🌦 ☐   🌧 ☐   🌧 ☐   🌨 ☐   🚩 ______   🌡 ______

Armes à feu:	
Balle:	Profondeur d'assise:
Poudre:	Céréales:
L'abécédaire:	
Laiton:	
Distance:	

Résultats globaux

☐ Mauvais   ☐ Juste   ☐ Bon   ☐ Excellent

Notes complémentaires

____

____

____

☆ ☆ ☆ ☆ ☆

Une idée de cadeau parfaite pour les débutants et les professionnels

Livre de données sur le tir sportif

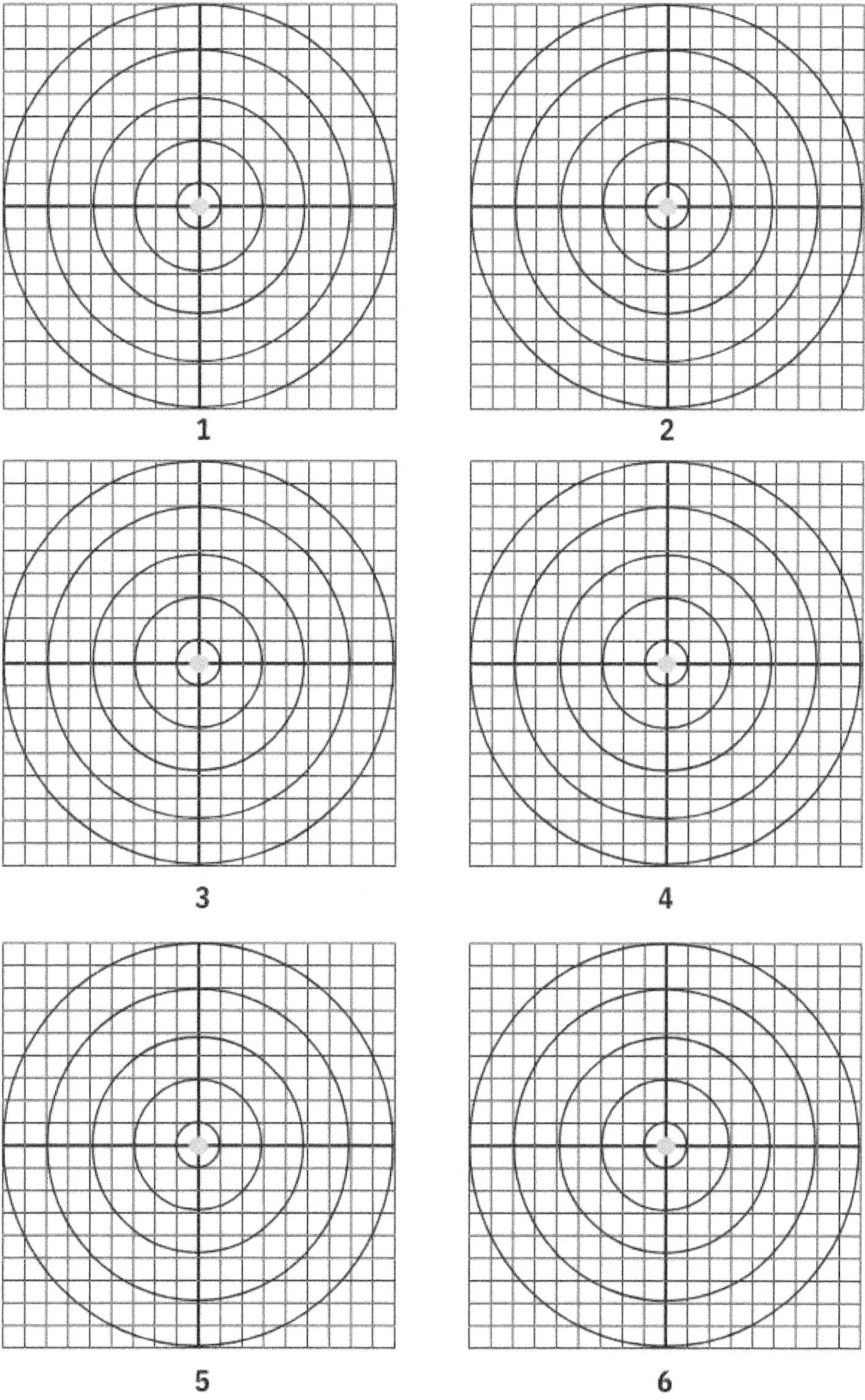

Une idée de cadeau parfaite pour les débutants et les professionnels

Livre de données sur le tir sportif

Date: _________________________   Temps: _________

Localisation: _______________________________

Conditions météorologiques

☐   ☐   ☐   ☐   ☐   ☐   ____   ____

Armes à feu:	
Balle:	Profondeur d'assise:
Poudre:	Céréales:
L'abécédaire:	
Laiton:	
Distance:	

Résultats globaux

☐ Mauvais   ☐ Juste   ☐ Bon   ☐ Excellent

Notes complémentaires

____

____

____

Une idée de cadeau parfaite pour les débutants et les professionnels

Livre de données sur le tir sportif

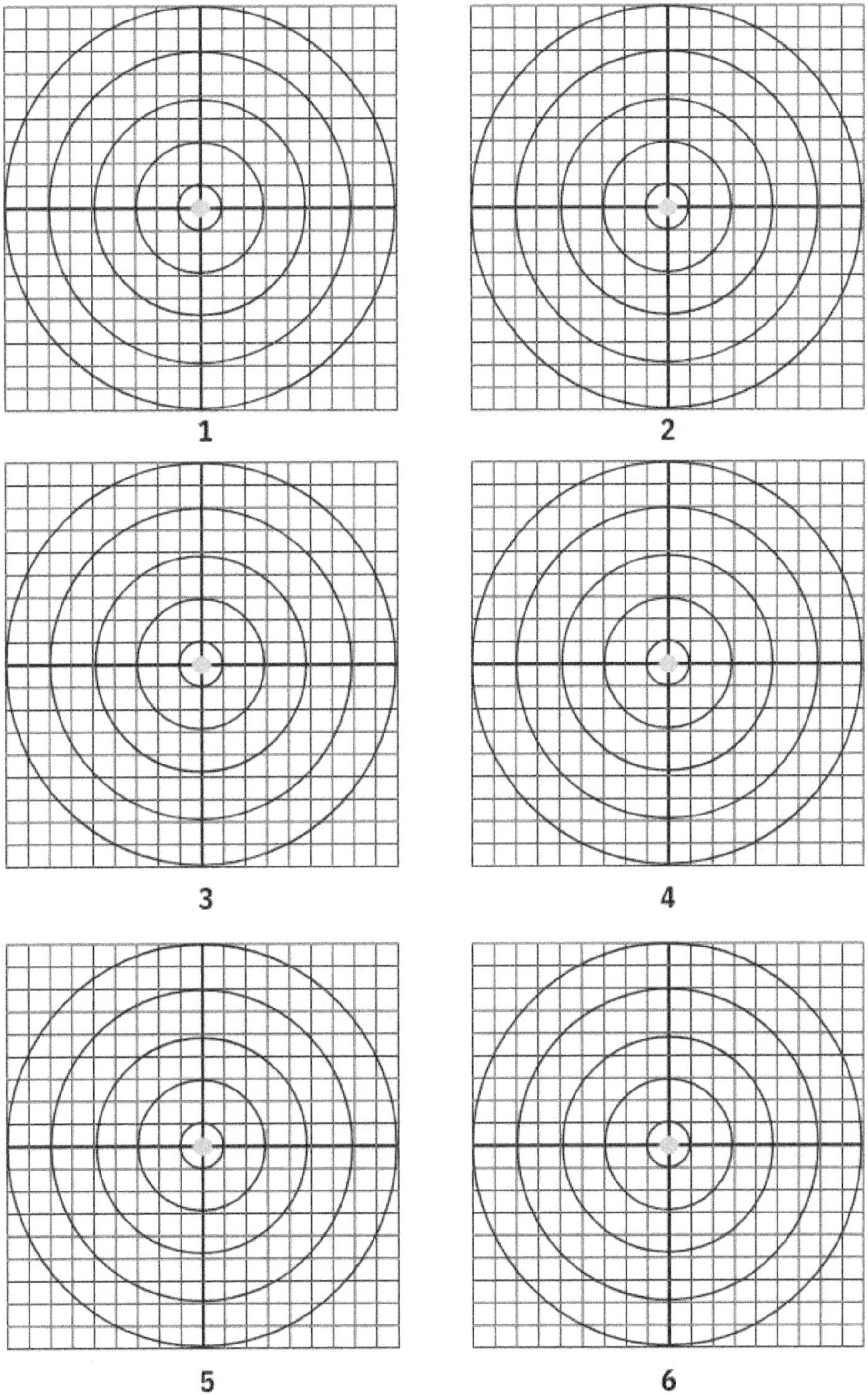

Une idée de cadeau parfaite pour les débutants et les professionnels

Livre de données sur le tir sportif

📅 Date: _______________   🕐 Temps: _________

📍 Localisation: _____________________________

Conditions météorologiques

☀ ☐ ⛅ ☐ 🌤 ☐ ☁ ☐ 🌧 ☐ 🌨 ☐ 🚩 _______ 🌡 _______

Armes à feu:	
Balle:	Profondeur d'assise:
Poudre:	Céréales:
L'abécédaire:	
Laiton:	
Distance:	

Résultats globaux

☐ Mauvais   ☐ Juste   ☐ Bon   ☐ Excellent

Notes complémentaires

____

____

____

☆ ☆ ☆ ☆ ☆

Une idée de cadeau parfaite pour les débutants et les professionnels

Livre de données sur le tir sportif

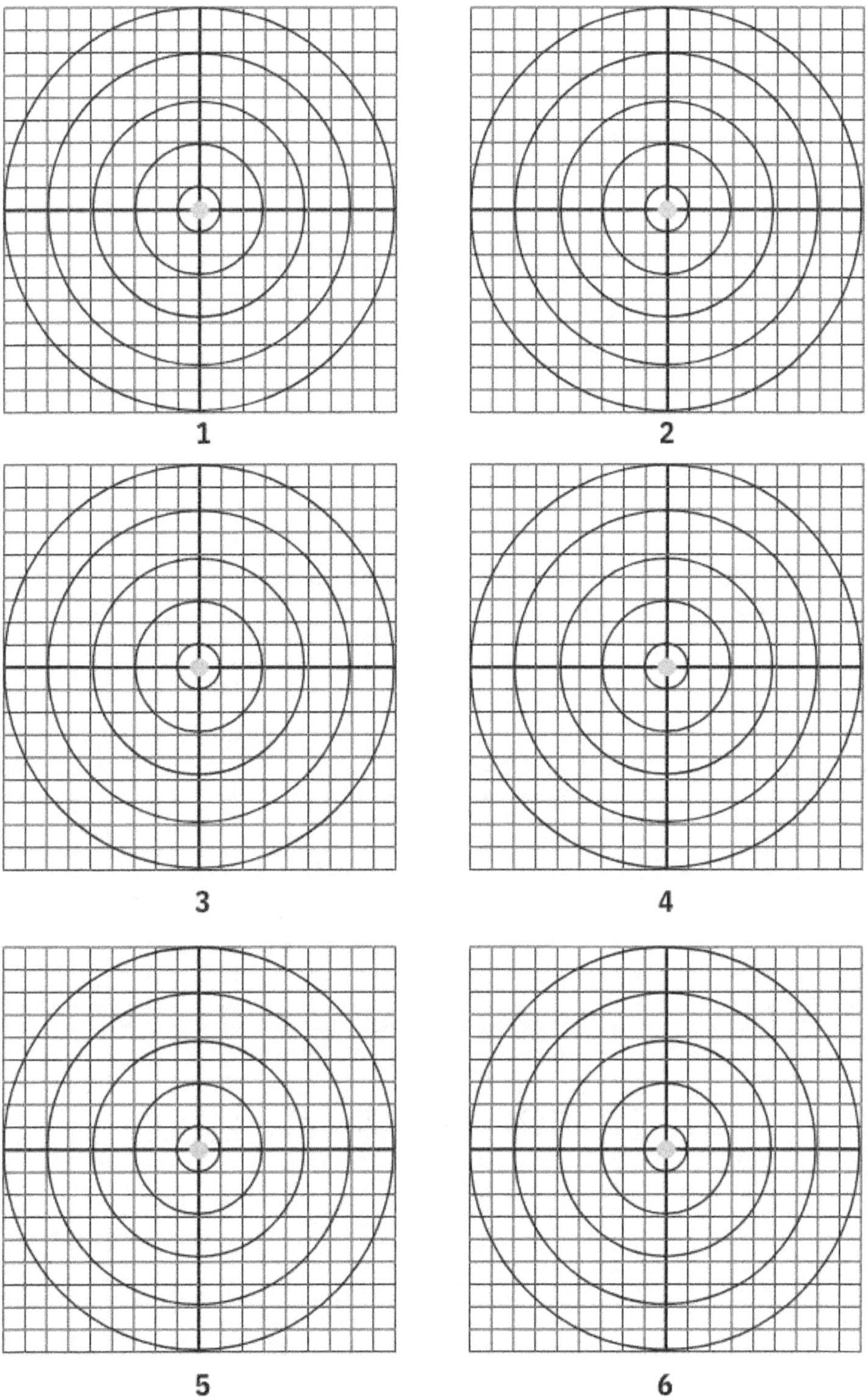

Une idée de cadeau parfaite pour les débutants et les professionnels

Livre de données sur le tir sportif

📅 Date: ________________   🕐 Temps: _________

📍 Localisation: _____________________________

Conditions météorologiques

☐   ☐   ☐   ☐   ☐   ☐   ⚑ ___   🌡 ___

Armes à feu:	
Balle:	Profondeur d'assise:
Poudre:	Céréales:
L'abécédaire:	
Laiton:	
Distance:	

Résultats globaux

☐ Mauvais   ☐ Juste   ☐ Bon   ☐ Excellent

Notes complémentaires

____

____

☆ ☆ ☆ ☆ ☆

Une idée de cadeau parfaite pour les débutants et les professionnels

Livre de données sur le tir sportif

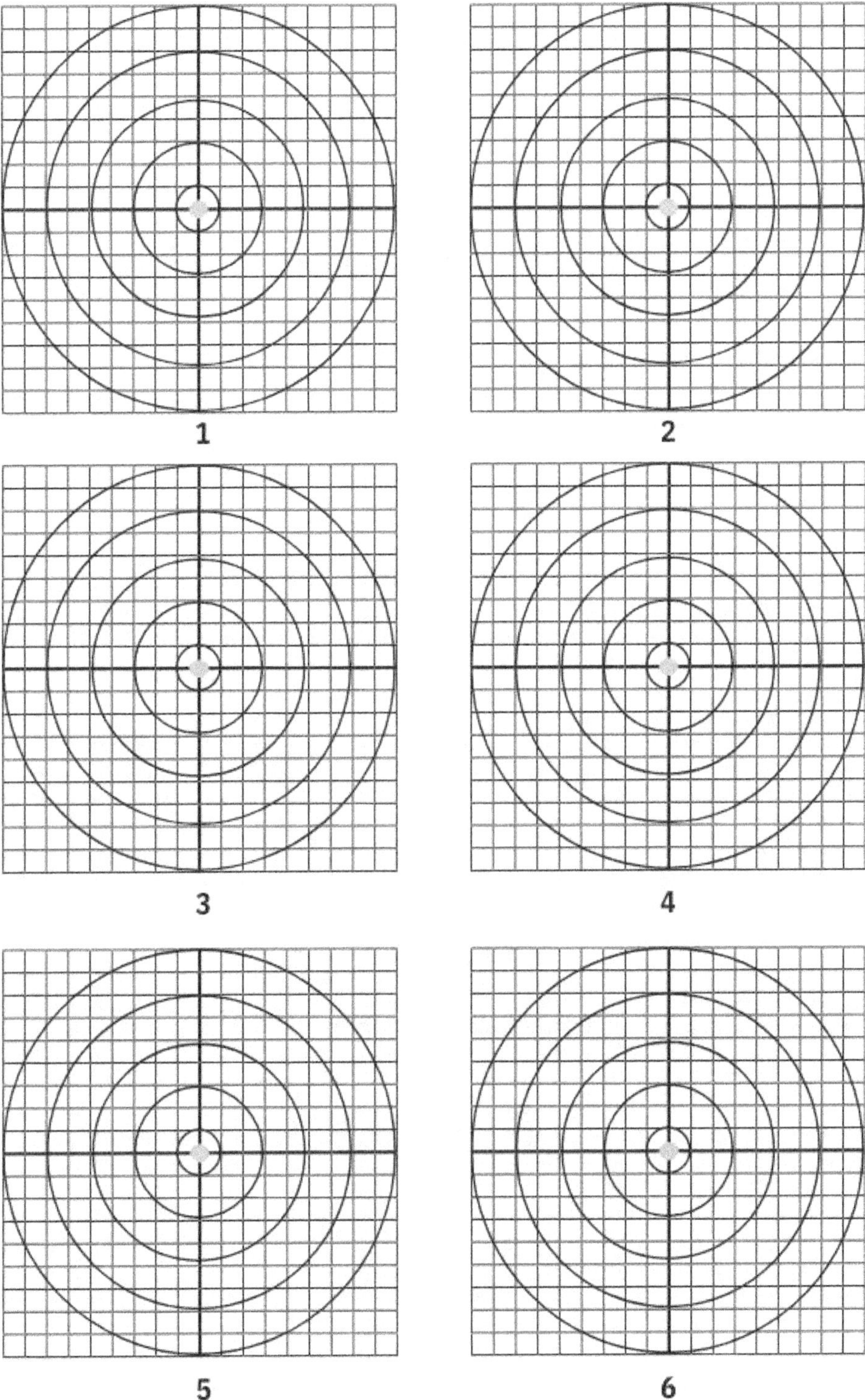

Une idée de cadeau parfaite pour les débutants et les professionnels

Livre de données sur le tir sportif

Date: _______________________ Temps: _________

Localisation: _________________________________

Conditions météorologiques

☐   ☐   ☐   ☐   ☐   ☐   _________   _________

Armes à feu:	
Balle:	Profondeur d'assise:
Poudre:	Céréales:
L'abécédaire:	
Laiton:	
Distance:	

Résultats globaux

☐ Mauvais   ☐ Juste   ☐ Bon   ☐ Excellent

Notes complémentaires

____

____

____

☆ ☆ ☆ ☆ ☆

Une idée de cadeau parfaite pour les débutants et les professionnels

Livre de données sur le tir sportif

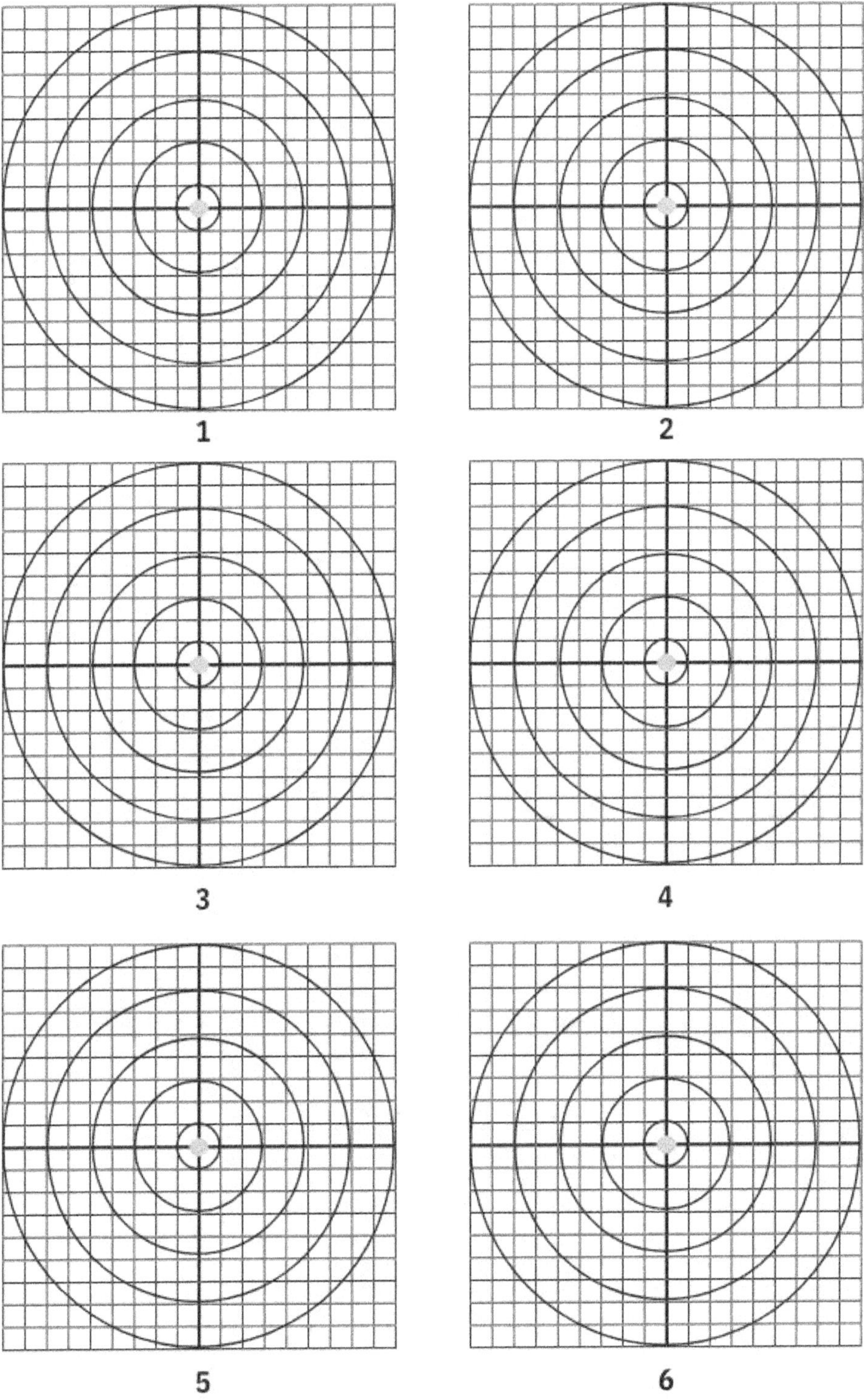

Une idée de cadeau parfaite pour les débutants et les professionnels

Livre de données sur le tir sportif

📅 Date: ________________   🕐 Temps: __________

📍 Localisation: ________________________________

Conditions météorologiques

☐ ☐ ☐ ☐ ☐ ☐ ______ ______

Armes à feu:	
Balle:	Profondeur d'assise:
Poudre:	Céréales:
L'abécédaire:	
Laiton:	
Distance:	

Résultats globaux

☐ Mauvais   ☐ Juste   ☐ Bon   ☐ Excellent

Notes complémentaires

____

____

____

☆ ☆ ☆ ☆ ☆

Une idée de cadeau parfaite pour les débutants et les professionnels

Livre de données sur le tir sportif

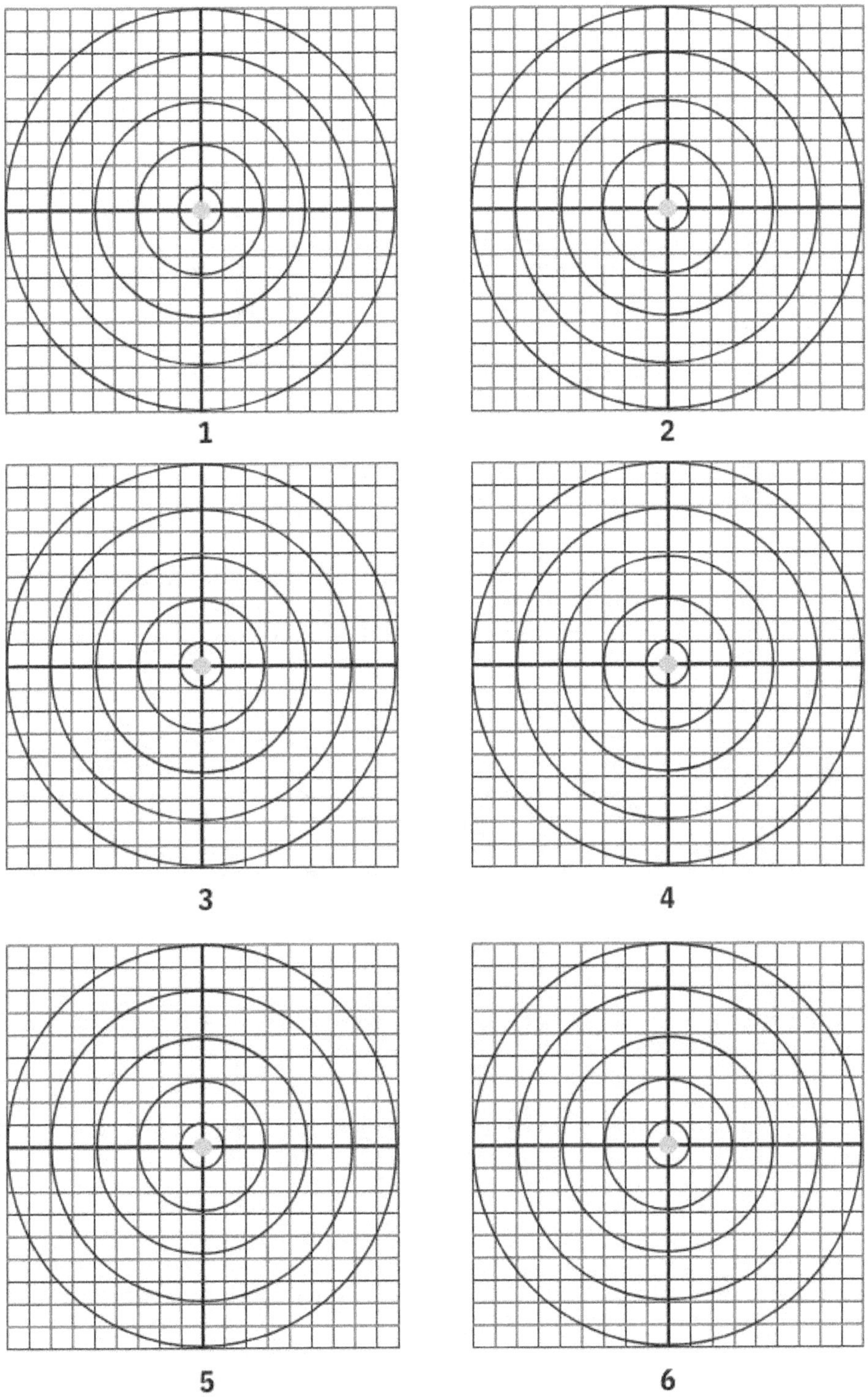

Une idée de cadeau parfaite pour les débutants et les professionnels

Livre de données sur le tir sportif

Date: _________________ **Temps:** _________

Localisation: _________________________

Conditions météorologiques

☐   ☐   ☐   ☐   ☐   ☐

Armes à feu:	
Balle:	Profondeur d'assise:
Poudre:	Céréales:
L'abécédaire:	
Laiton:	
Distance:	

Résultats globaux

☐ Mauvais   ☐ Juste   ☐ Bon   ☐ Excellent

Notes complémentaires

____

____

☆ ☆ ☆ ☆ ☆

Livre de données sur le tir sportif

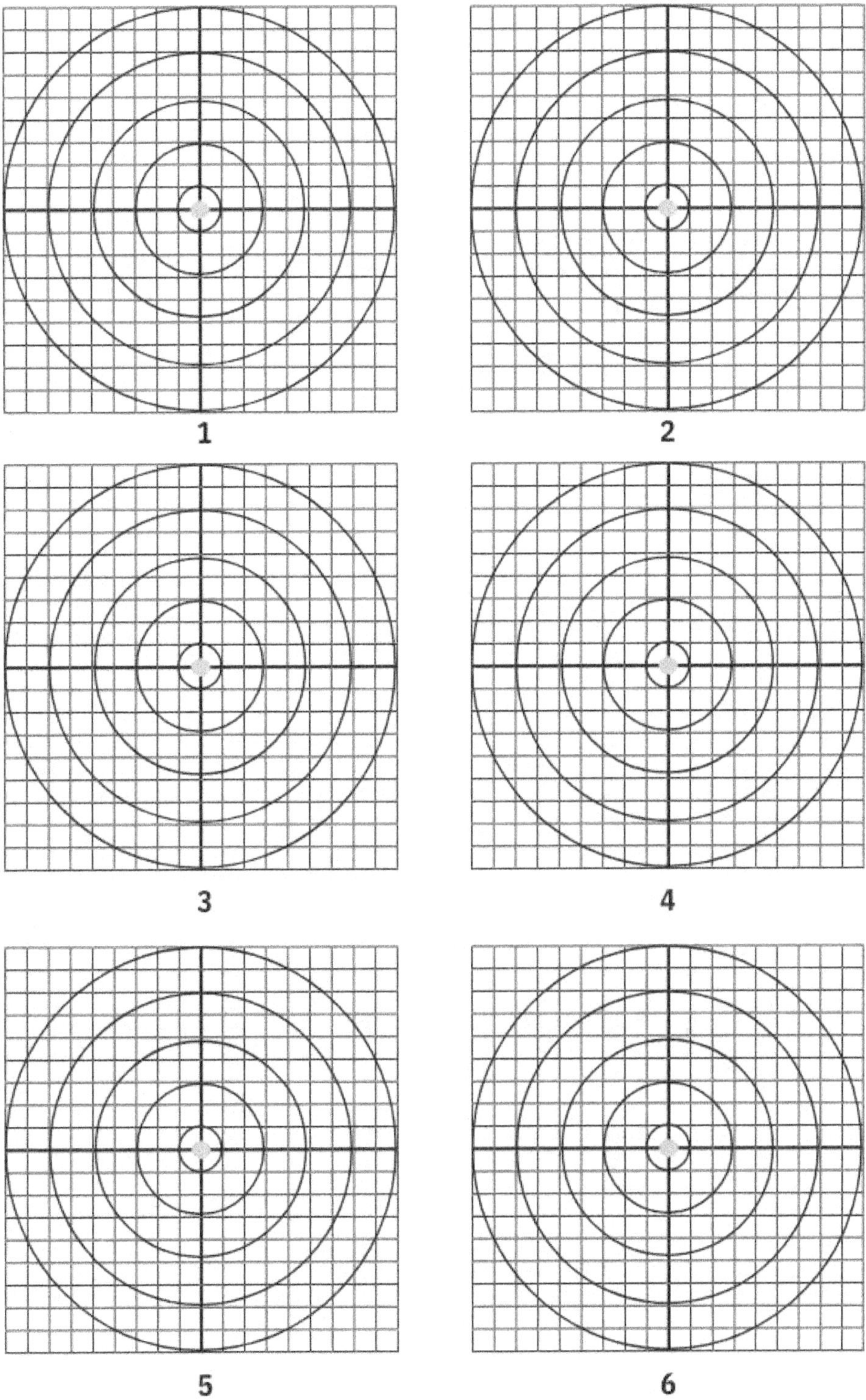

Une idée de cadeau parfaite pour les débutants et les professionnels

Livre de données sur le tir sportif

Date: _______________________ Temps: _________

Localisation: _______________________________

Conditions météorologiques

☐ ☐ ☐ ☐ ☐ ☐

Armes à feu:	
Balle:	Profondeur d'assise:
Poudre:	Céréales:
L'abécédaire:	
Laiton:	
Distance:	

Résultats globaux

☐ Mauvais ☐ Juste ☐ Bon ☐ Excellent

Notes complémentaires

____

____

____

Une idée de cadeau parfaite pour les débutants et les professionnels

Livre de données sur le tir sportif

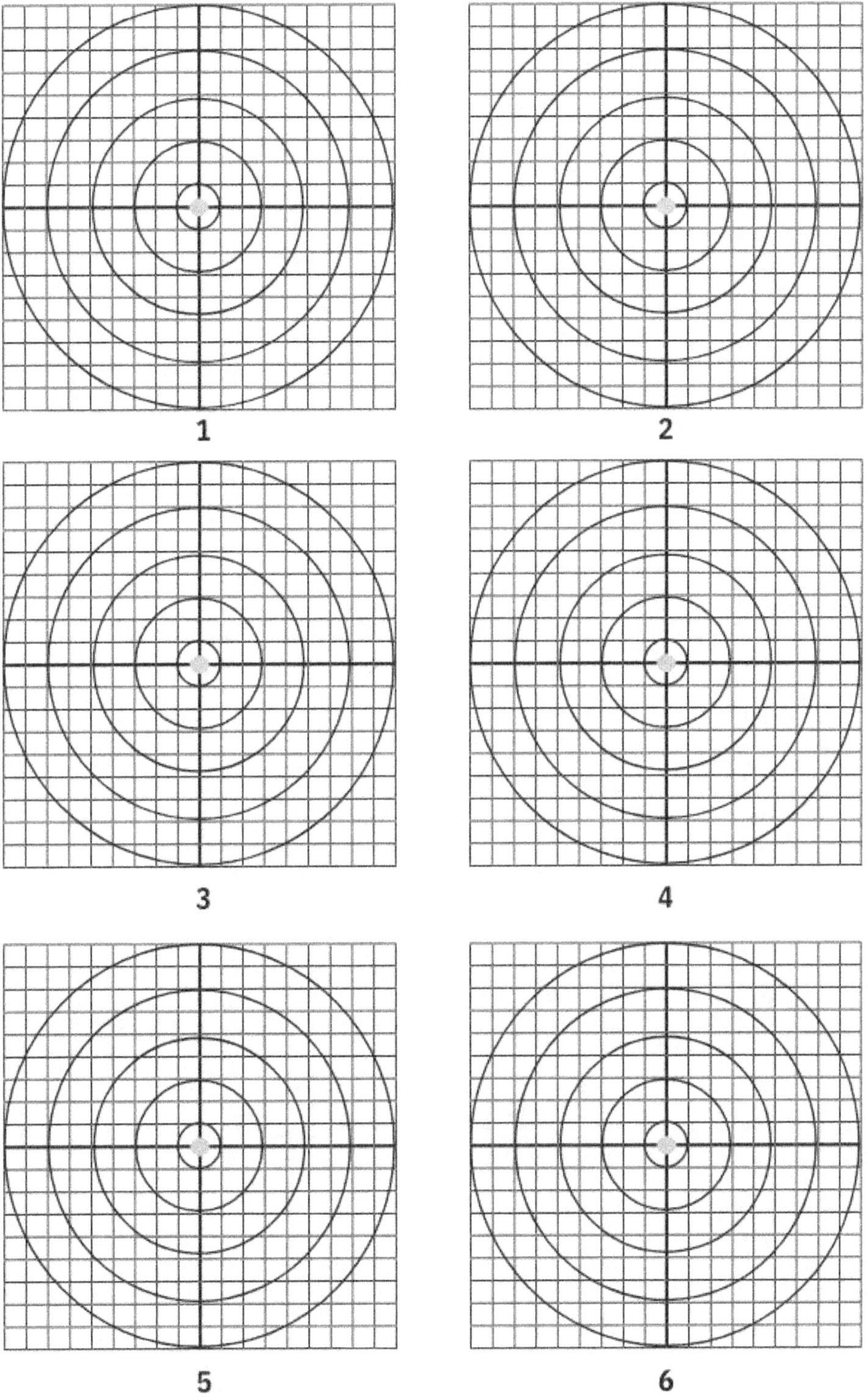

Une idée de cadeau parfaite pour les débutants et les professionnels

Livre de données sur le tir sportif

📅 Date: ________________   🕐 Temps: __________

📍 Localisation: _______________________________

Conditions météorologiques

☐   ☐   ☐   ☐   ☐   ☐   ▷ ________   🌡 ________

Armes à feu:	
Balle:	Profondeur d'assise:
Poudre:	Céréales:
L'abécédaire:	
Laiton:	
Distance:	

Résultats globaux

☐ Mauvais   ☐ Juste   ☐ Bon   ☐ Excellent

Notes complémentaires

____

____

____

☆ ☆ ☆ ☆ ☆

Une idée de cadeau parfaite pour les débutants et les professionnels

Livre de données sur le tir sportif

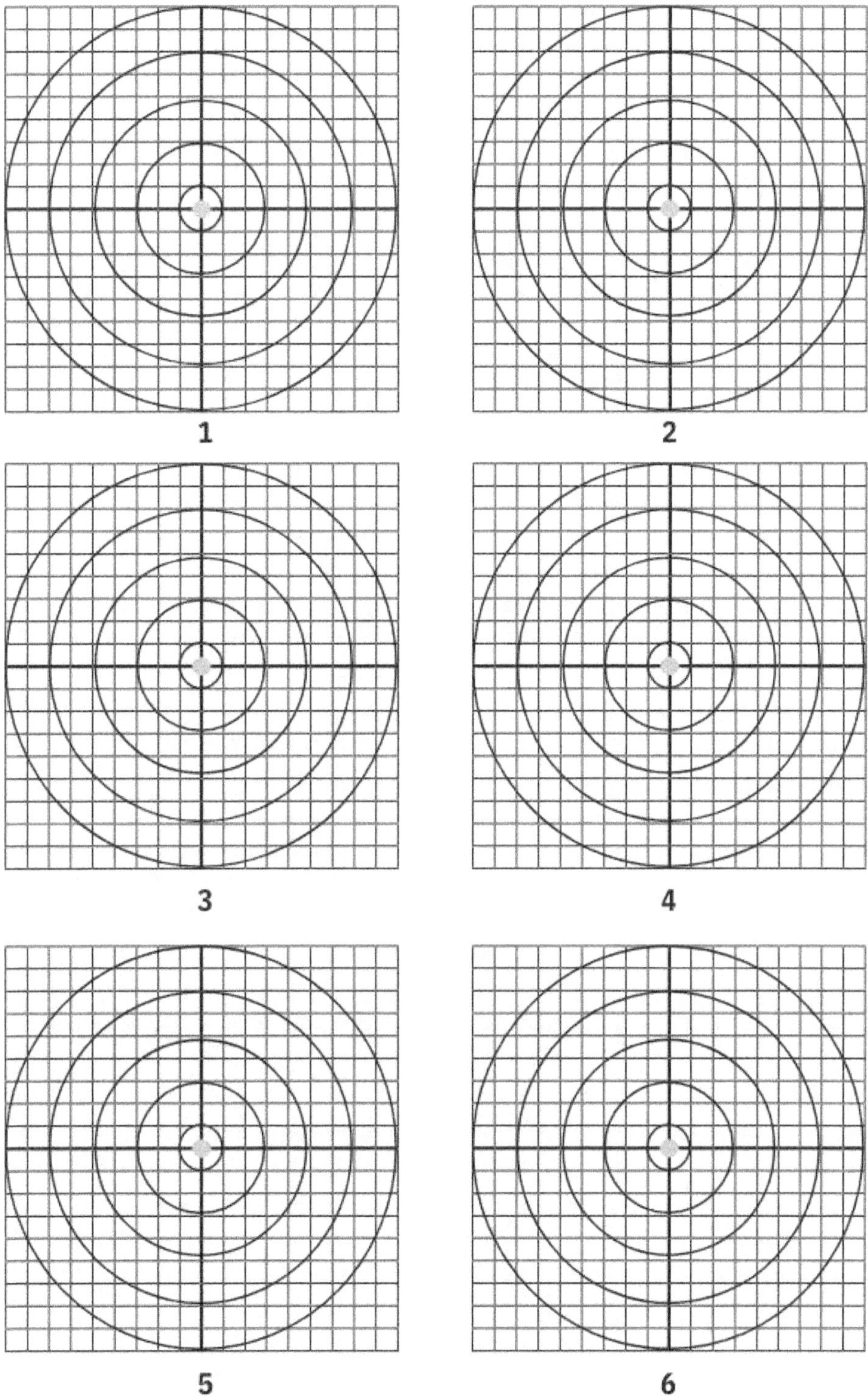

Une idée de cadeau parfaite pour les débutants et les professionnels

Livre de données sur le tir sportif

📅 Date: _________________ 🕐 Temps: _________

📍 Localisation: _______________________________

Conditions météorologiques

☐ ☐ ☐ ☐ ☐ ☐ _______ _______

Armes à feu:	
Balle:	Profondeur d'assise:
Poudre:	Céréales:
L'abécédaire:	
Laiton:	
Distance:	

Résultats globaux

☐ Mauvais   ☐ Juste   ☐ Bon   ☐ Excellent

Notes complémentaires

____

____

____

Une idée de cadeau parfaite pour les débutants et les professionnels

Livre de données sur le tir sportif

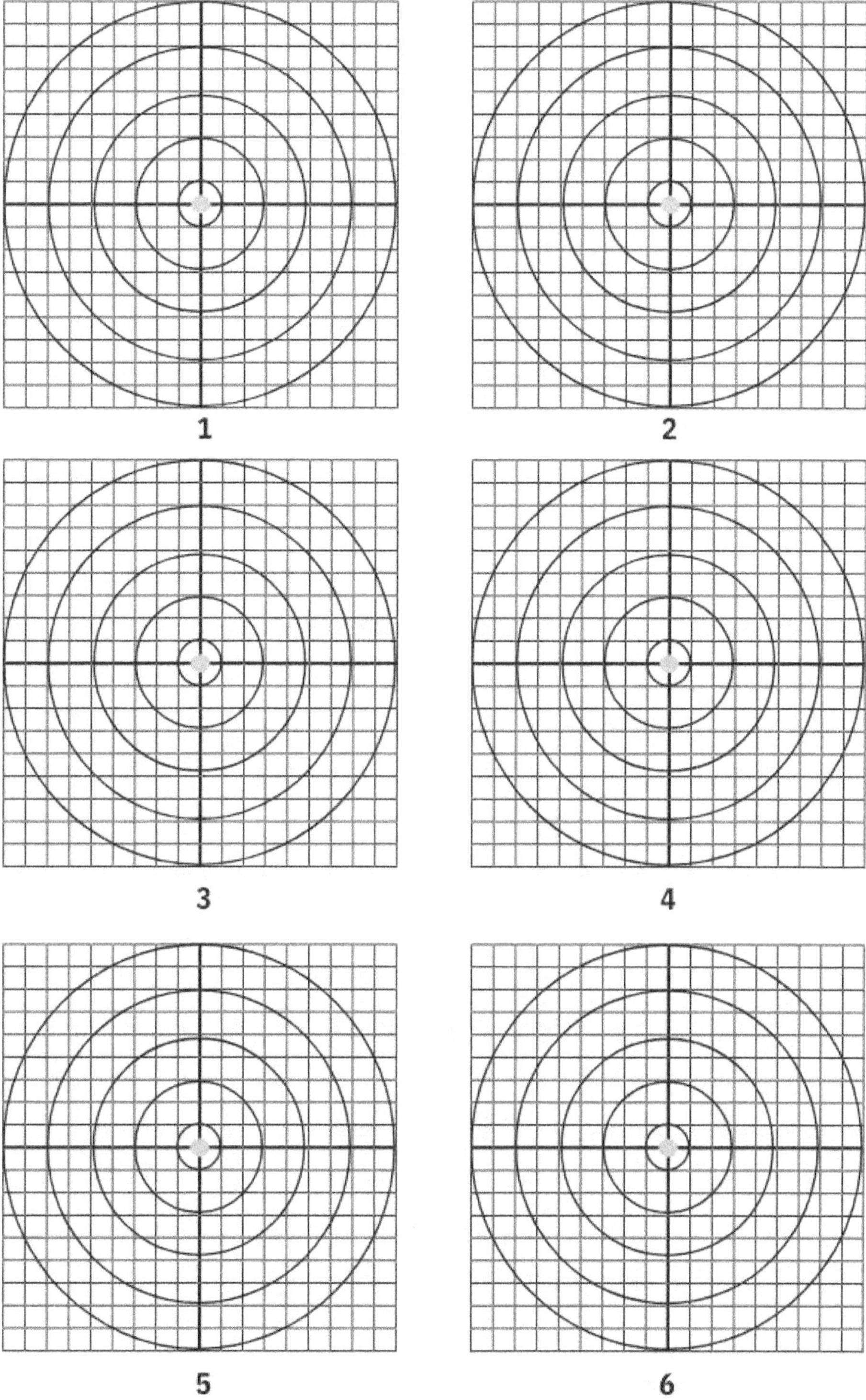

Une idée de cadeau parfaite pour les débutants et les professionnels

Livre de données sur le tir sportif

📅 Date: _________________   🕐 Temps: _________

📍 Localisation: _______________________________

Conditions météorologiques

☐ ☐ ☐ ☐ ☐ ☐ _____ _____

Armes à feu:	
Balle:	Profondeur d'assise:
Poudre:	Céréales:
L'abécédaire:	
Laiton:	
Distance:	

Résultats globaux

☐ Mauvais   ☐ Juste   ☐ Bon   ☐ Excellent

Notes complémentaires

____

____

____

☆ ☆ ☆ ☆ ☆

Une idée de cadeau parfaite pour les débutants et les professionnels

Livre de données sur le tir sportif

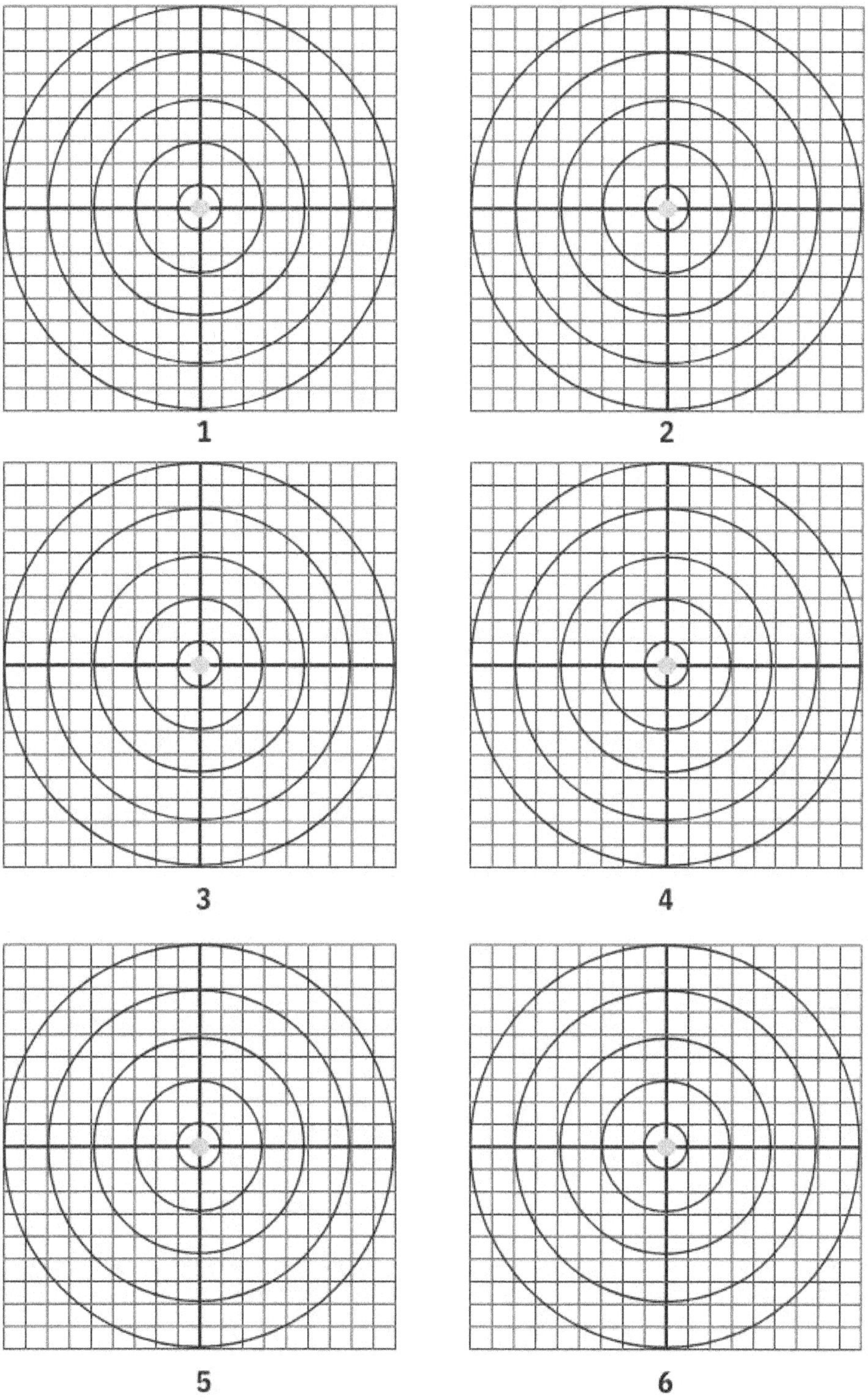

Une idée de cadeau parfaite pour les débutants et les professionnels

Livre de données sur le tir sportif

📅 Date: ________________   🕐 Temps: __________

📍 Localisation: ___________________________________

Conditions météorologiques

☐   ☐   ☐   ☐   ☐   ☐   _______   _______

Armes à feu:	
Balle:	Profondeur d'assise:
Poudre:	Céréales:
L'abécédaire:	
Laiton:	
Distance:	

Résultats globaux

☐ Mauvais   ☐ Juste   ☐ Bon   ☐ Excellent

Notes complémentaires

____

____

☆ ☆ ☆ ☆ ☆

Une idée de cadeau parfaite pour les débutants et les professionnels

Livre de données sur le tir sportif

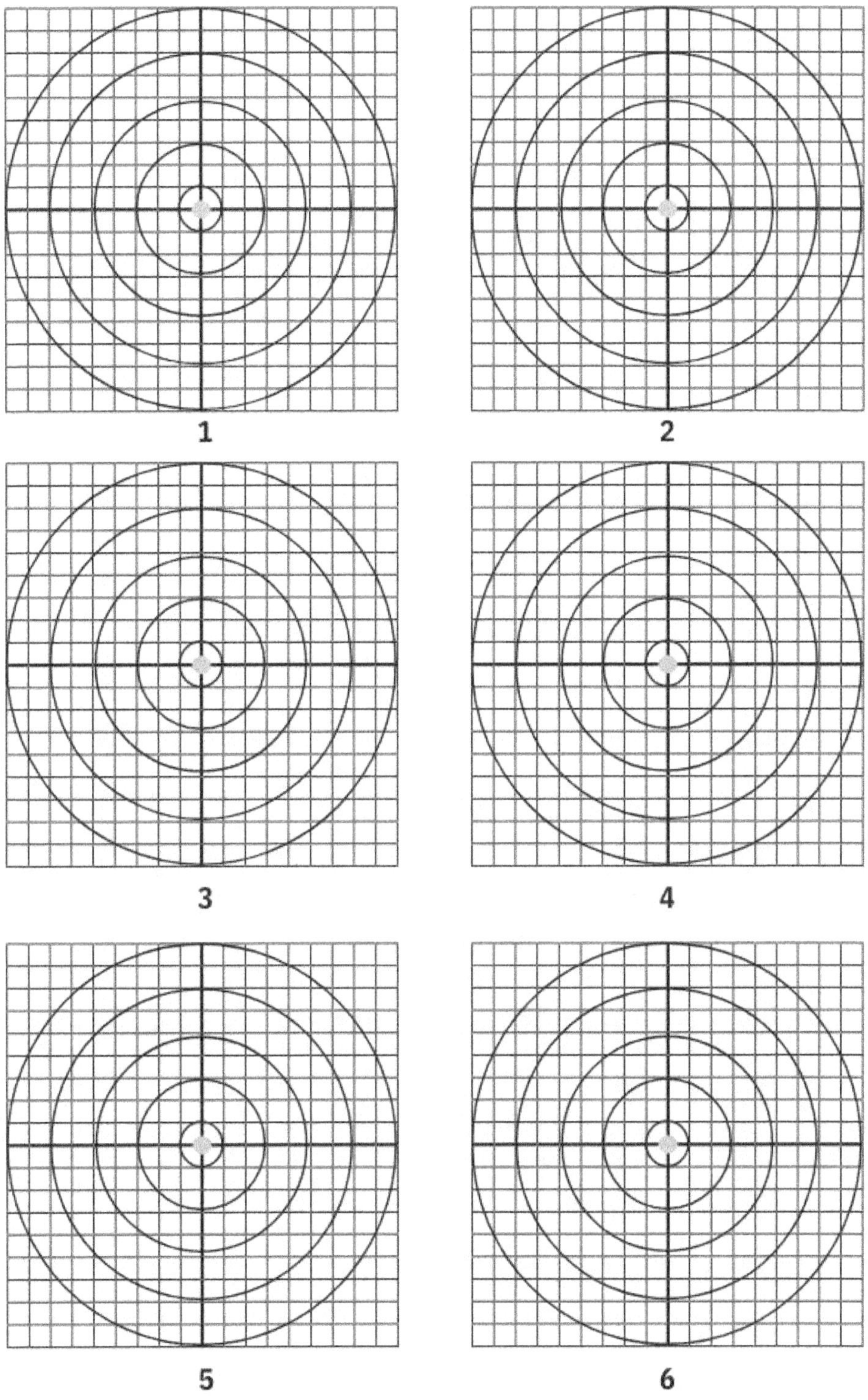

Une idée de cadeau parfaite pour les débutants et les professionnels

Livre de données sur le tir sportif

📅 Date: _______________   🕐 Temps: _________

📍 Localisation: _______________________

Conditions météorologiques

☐   ☐   ☐   ☐   ☐   ☐   ⚑ _____   🌡 _____

Armes à feu:	
Balle:	Profondeur d'assise:
Poudre:	Céréales:
L'abécédaire:	
Laiton:	
Distance:	

Résultats globaux

☐ Mauvais   ☐ Juste   ☐ Bon   ☐ Excellent

Notes complémentaires

____

____

____

☆ ☆ ☆ ☆ ☆

Une idée de cadeau parfaite pour les débutants et les professionnels

Livre de données sur le tir sportif

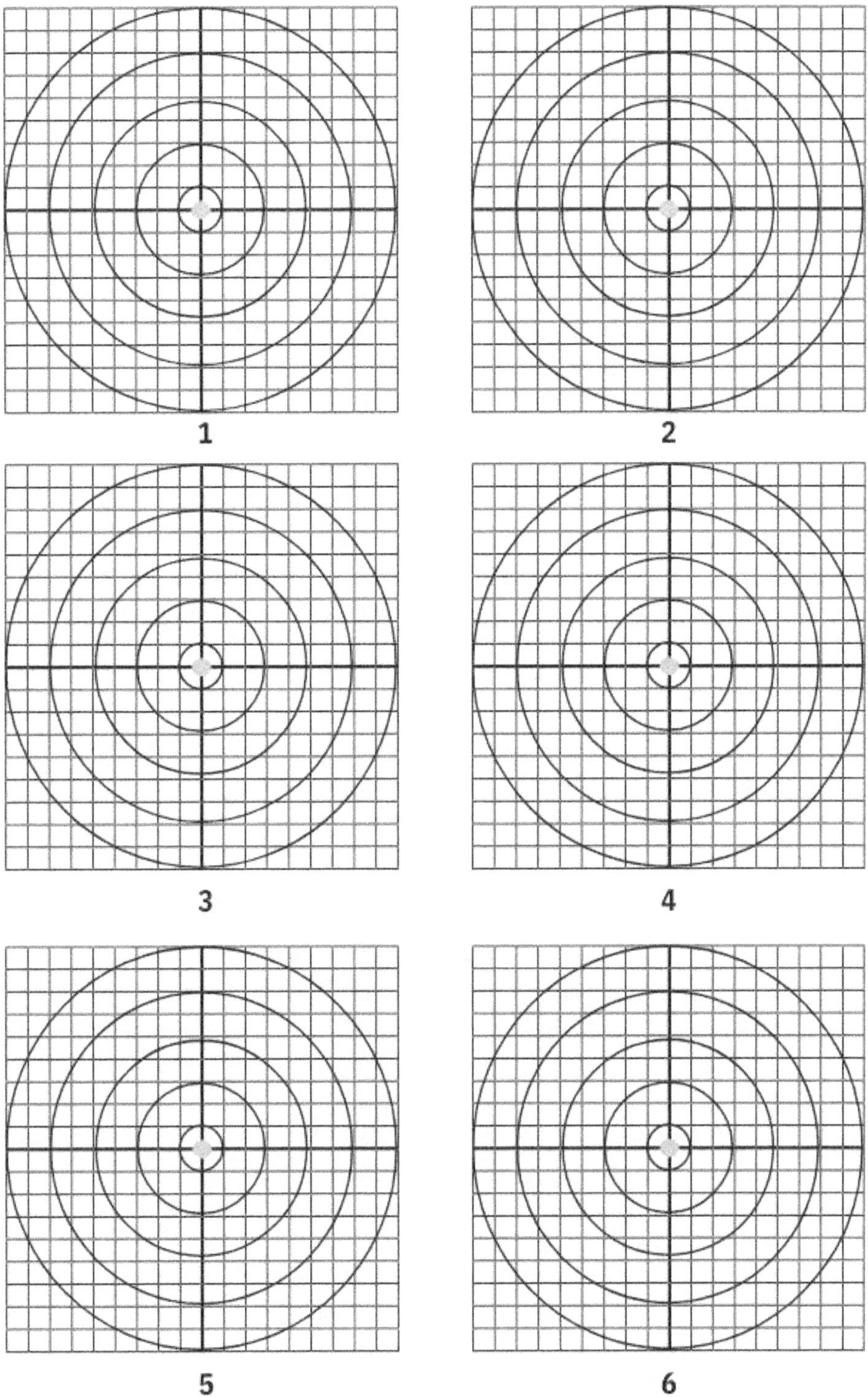

Une idée de cadeau parfaite pour les débutants et les professionnels

Livre de données sur le tir sportif

📅 Date: _______________________ 🕐 Temps: _________

📍 Localisation: _________________________________

Conditions météorologiques

☀ ☐   ⛅ ☐   🌤 ☐   🌧 ☐   🌧 ☐   🌨 ☐   🚩 _____   🌡 _____

Armes à feu:	
Balle:	Profondeur d'assise:
Poudre:	Céréales:
L'abécédaire:	
Laiton:	
Distance:	

Résultats globaux

☐ Mauvais   ☐ Juste   ☐ Bon   ☐ Excellent

Notes complémentaires

____

____

____

☆ ☆ ☆ ☆ ☆

Une idée de cadeau parfaite pour les débutants et les professionnels

Livre de données sur le tir sportif

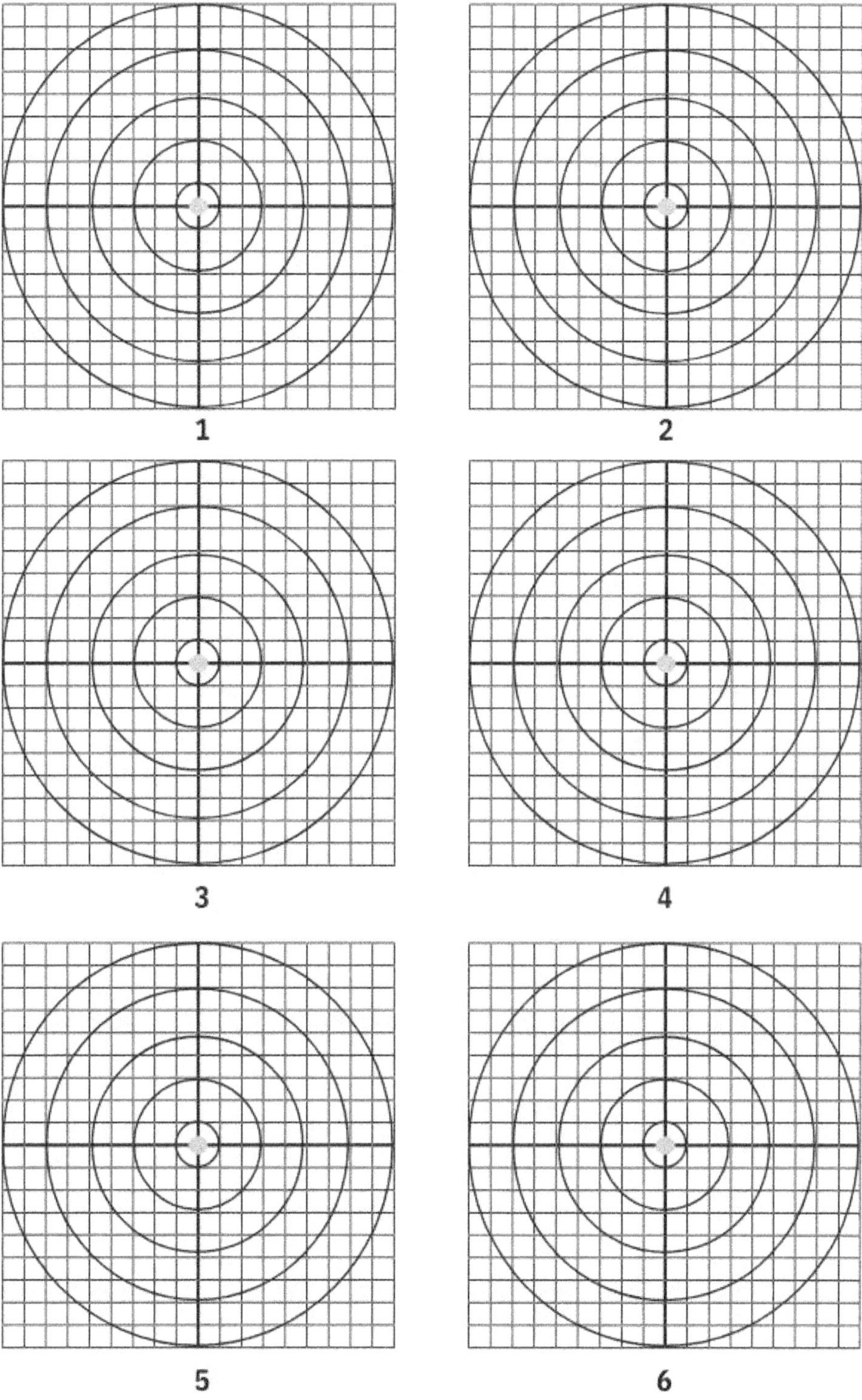

Une idée de cadeau parfaite pour les débutants et les professionnels

Livre de données sur le tir sportif

Date: _________________   Temps: _________

Localisation: _______________________________

Conditions météorologiques

☐ ☐ ☐ ☐ ☐ ☐ _______ _______

Armes à feu:	
Balle:	Profondeur d'assise:
Poudre:	Céréales:
L'abécédaire:	
Laiton:	
Distance:	

Résultats globaux

☐ Mauvais   ☐ Juste   ☐ Bon   ☐ Excellent

Notes complémentaires

____

____

____

☆ ☆ ☆ ☆ ☆

Une idée de cadeau parfaite pour les débutants et les professionnels

Livre de données sur le tir sportif

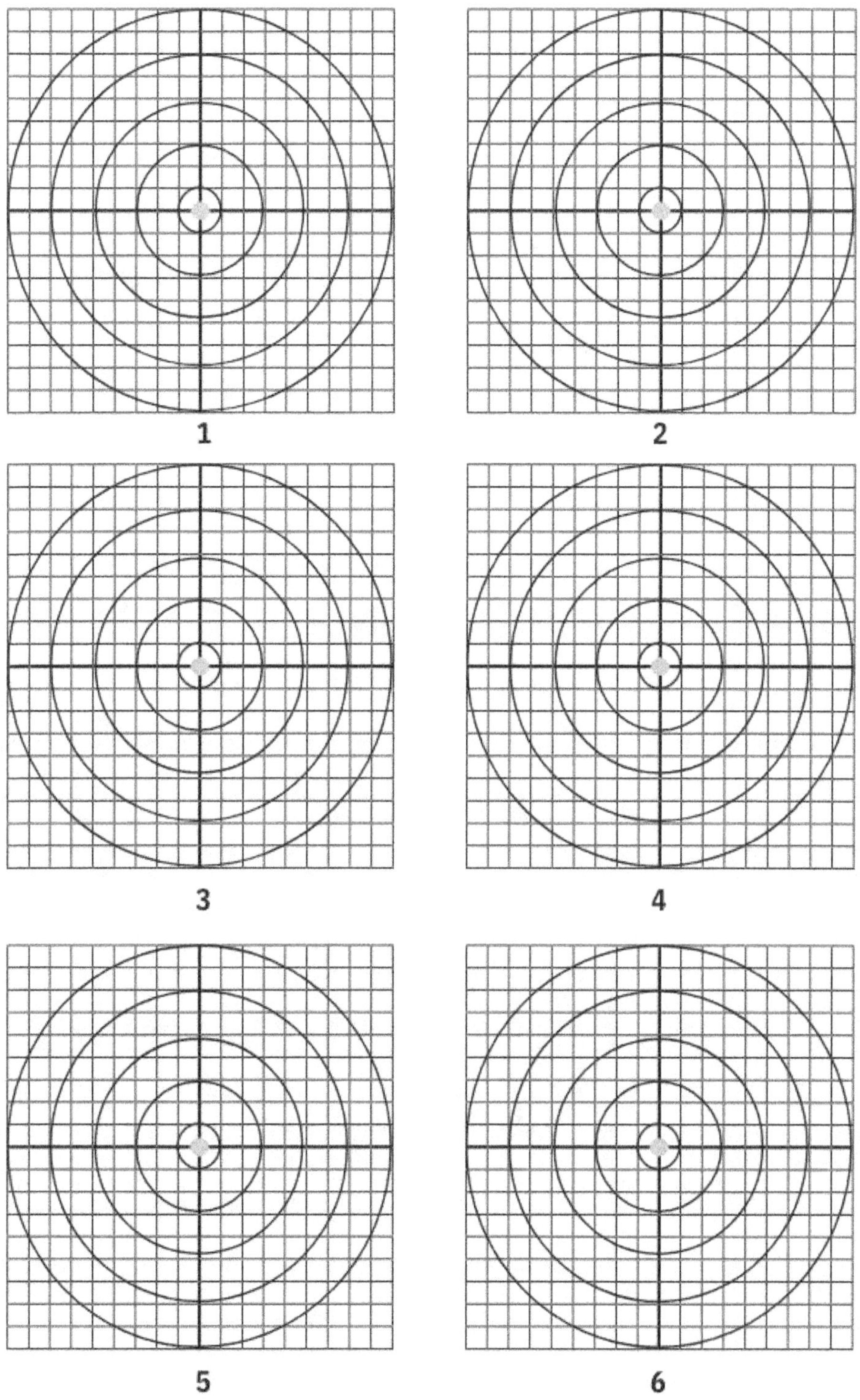

Une idée de cadeau parfaite pour les débutants et les professionnels

Livre de données sur le tir sportif

Date: ________________   Temps: _________

Localisation: _______________________

Conditions météorologiques

☐ ☐ ☐ ☐ ☐ ☐

Armes à feu:	
Balle:	Profondeur d'assise:
Poudre:	Céréales:
L'abécédaire:	
Laiton:	
Distance:	

Résultats globaux

☐ Mauvais ☐ Juste ☐ Bon ☐ Excellent

Notes complémentaires

____

____

☆ ☆ ☆ ☆ ☆

Une idée de cadeau parfaite pour les débutants et les professionnels

Livre de données sur le tir sportif

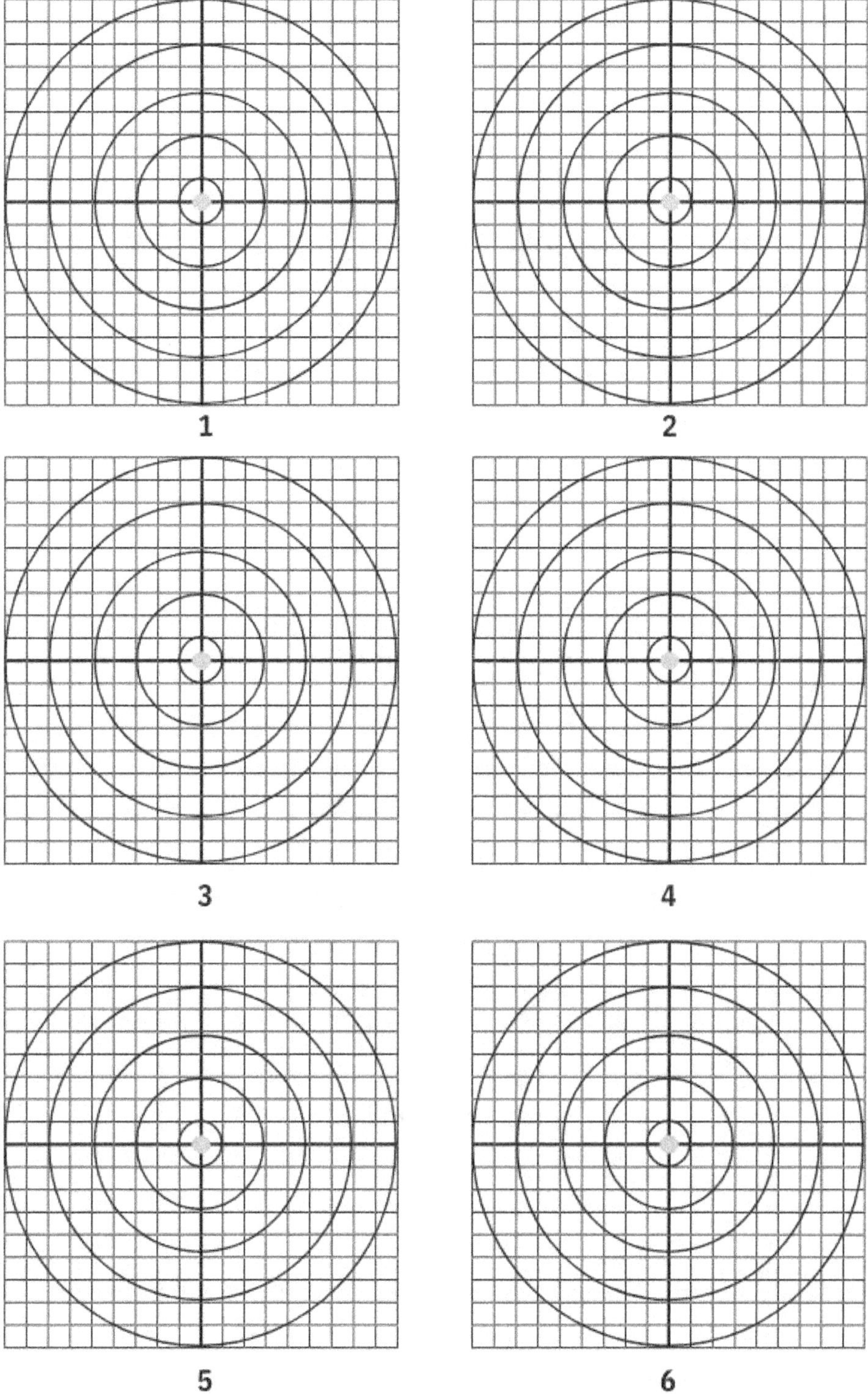

Une idée de cadeau parfaite pour les débutants et les professionnels

Livre de données sur le tir sportif

📅 Date: _________________   🕐 Temps: _________

📍 Localisation: _______________________________

Conditions météorologiques

☀️ ☁️ ⛅ 🌧️ 🌧️ 🌨️ 🚩 🌡️

☐   ☐   ☐   ☐   ☐   ☐   ___   ___

Armes à feu:	
Balle:	Profondeur d'assise:
Poudre:	Céréales:
L'abécédaire:	
Laiton:	
Distance:	

Résultats globaux

☐ Mauvais   ☐ Juste   ☐ Bon   ☐ Excellent

Notes complémentaires

____

____

____

☆ ☆ ☆ ☆ ☆

Une idée de cadeau parfaite pour les débutants et les professionnels

Livre de données sur le tir sportif

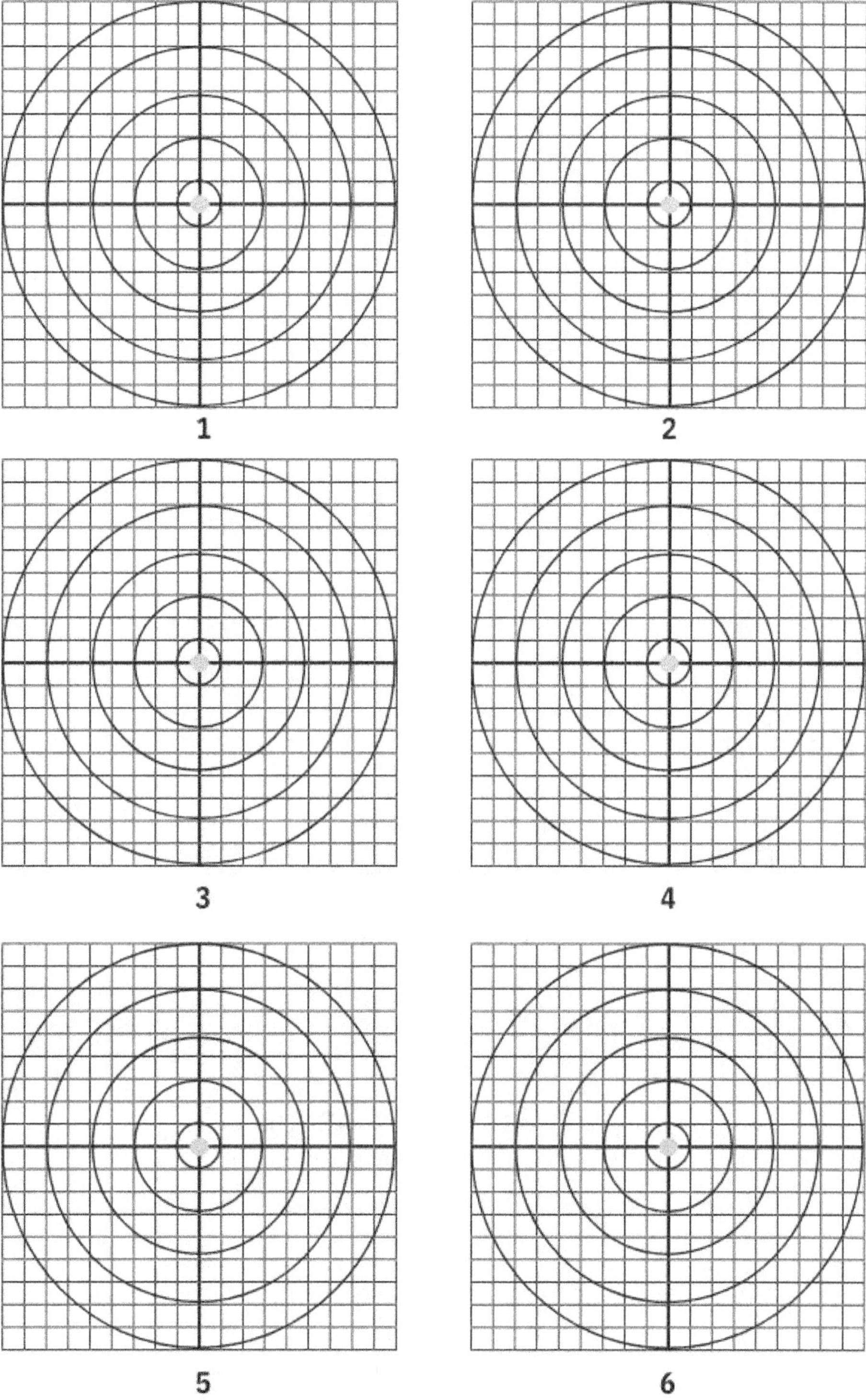

Une idée de cadeau parfaite pour les débutants et les professionnels

Livre de données sur le tir sportif

Date: _________________   Temps: _________

Localisation: _____________________________

Conditions météorologiques

☐   ☐   ☐   ☐   ☐   ☐   _________   _________

Armes à feu:	
Balle:	Profondeur d'assise:
Poudre:	Céréales:
L'abécédaire:	
Laiton:	
Distance:	

Résultats globaux

☐ Mauvais   ☐ Juste   ☐ Bon   ☐ Excellent

Notes complémentaires

____

____

____

☆ ☆ ☆ ☆ ☆

Une idée de cadeau parfaite pour les débutants et les professionnels

Livre de données sur le tir sportif

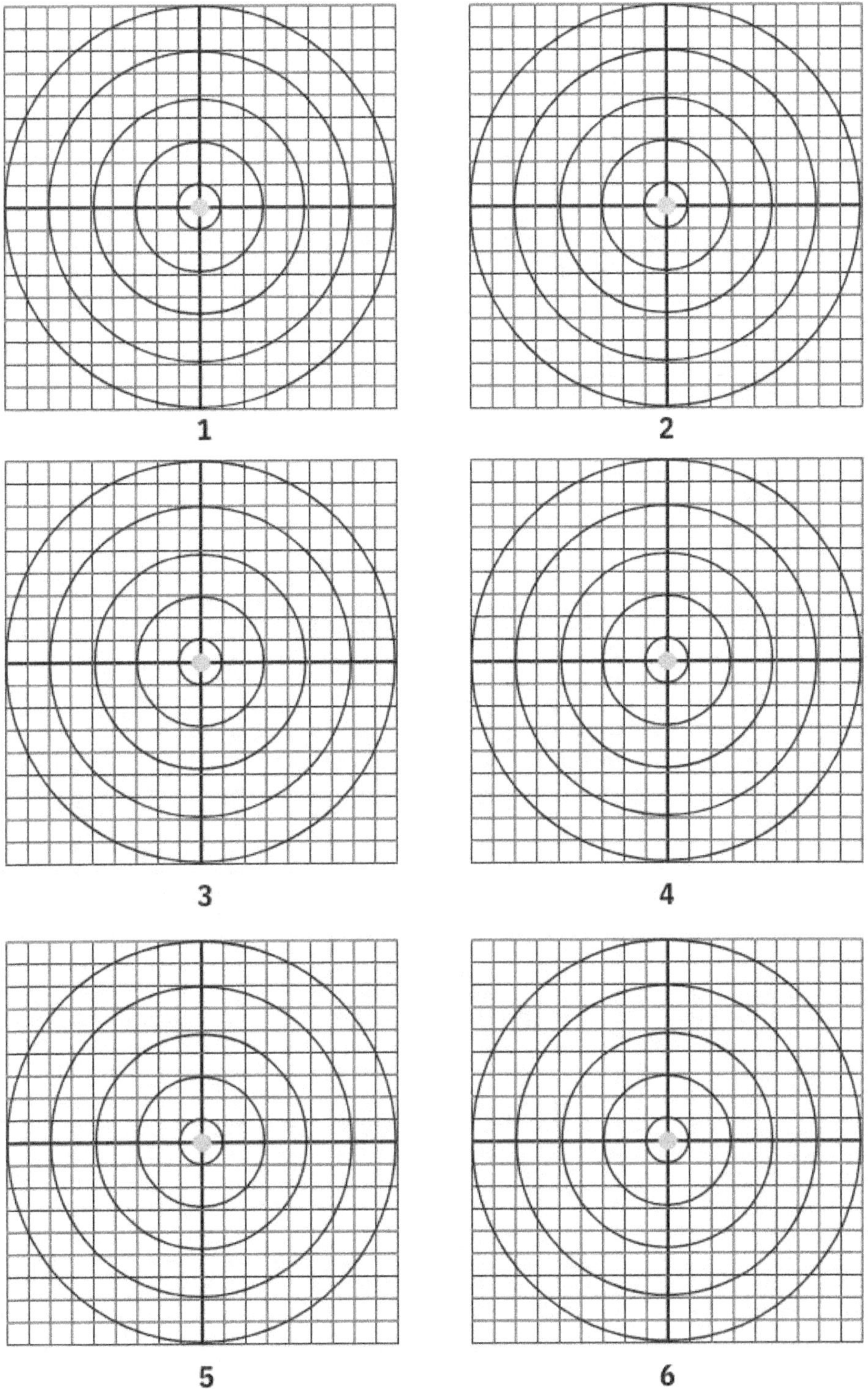

Une idée de cadeau parfaite pour les débutants et les professionnels

Livre de données sur le tir sportif

Date: _________________________ Temps: _________

Localisation: _____________________________

Conditions météorologiques

☐ ☐ ☐ ☐ ☐ ☐ _________ _________

Armes à feu:	
Balle:	Profondeur d'assise:
Poudre:	Céréales:
L'abécédaire:	
Laiton:	
Distance:	

Résultats globaux

☐ Mauvais   ☐ Juste   ☐ Bon   ☐ Excellent

Notes complémentaires

____

____

☆ ☆ ☆ ☆ ☆

Une idée de cadeau parfaite pour les débutants et les professionnels

Livre de données sur le tir sportif

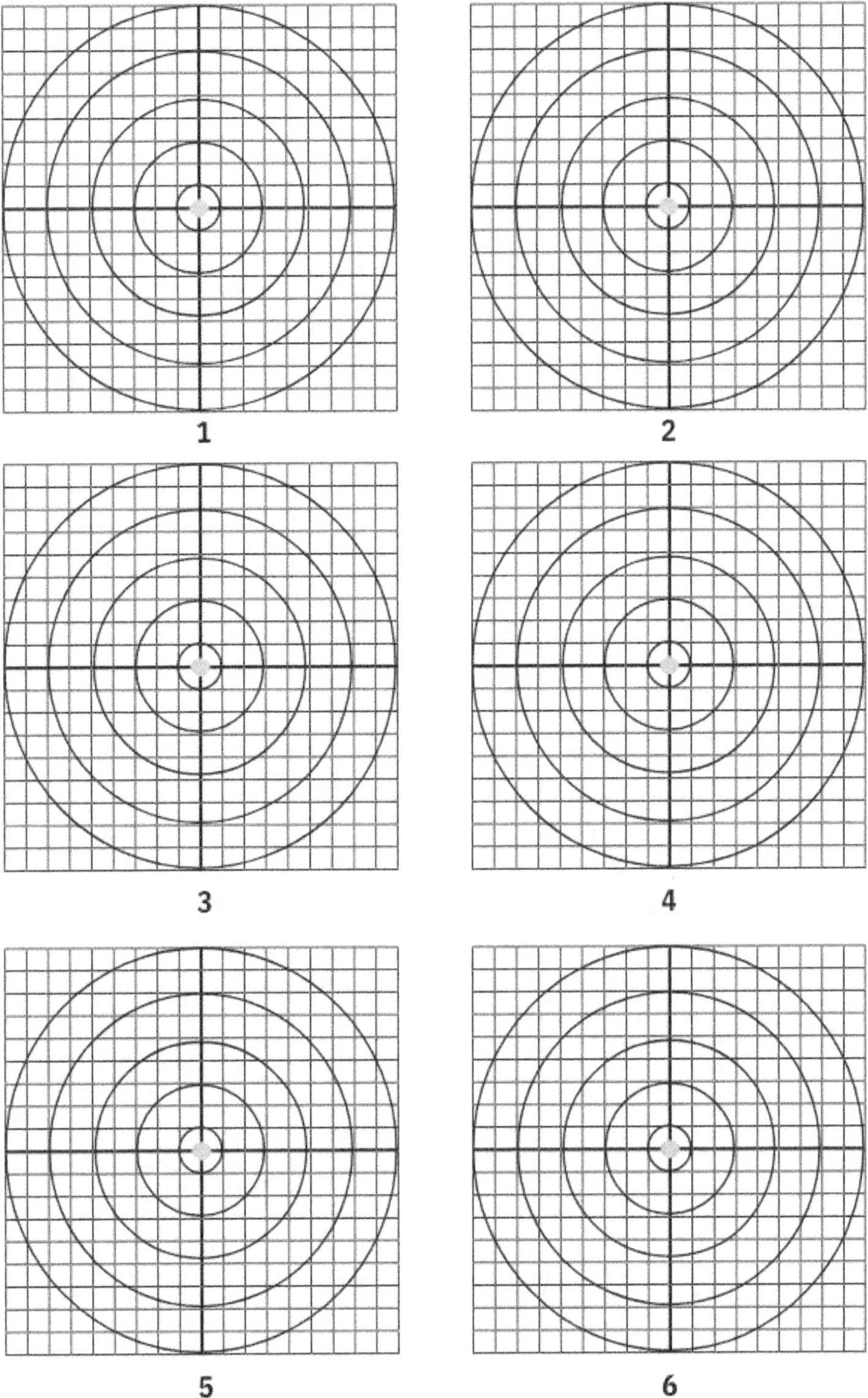

Une idée de cadeau parfaite pour les débutants et les professionnels

Livre de données sur le tir sportif

Date: _______________________   Temps: _______________

Localisation: ____

Conditions météorologiques

☐   ☐   ☐   ☐   ☐   ☐   _______   _______

Armes à feu:	
Balle:	Profondeur d'assise:
Poudre:	Céréales:
L'abécédaire:	
Laiton:	
Distance:	

Résultats globaux

☐ Mauvais   ☐ Juste   ☐ Bon   ☐ Excellent

Notes complémentaires

____

____

____

☆ ☆ ☆ ☆ ☆

Une idée de cadeau parfaite pour les débutants et les professionnels

Livre de données sur le tir sportif

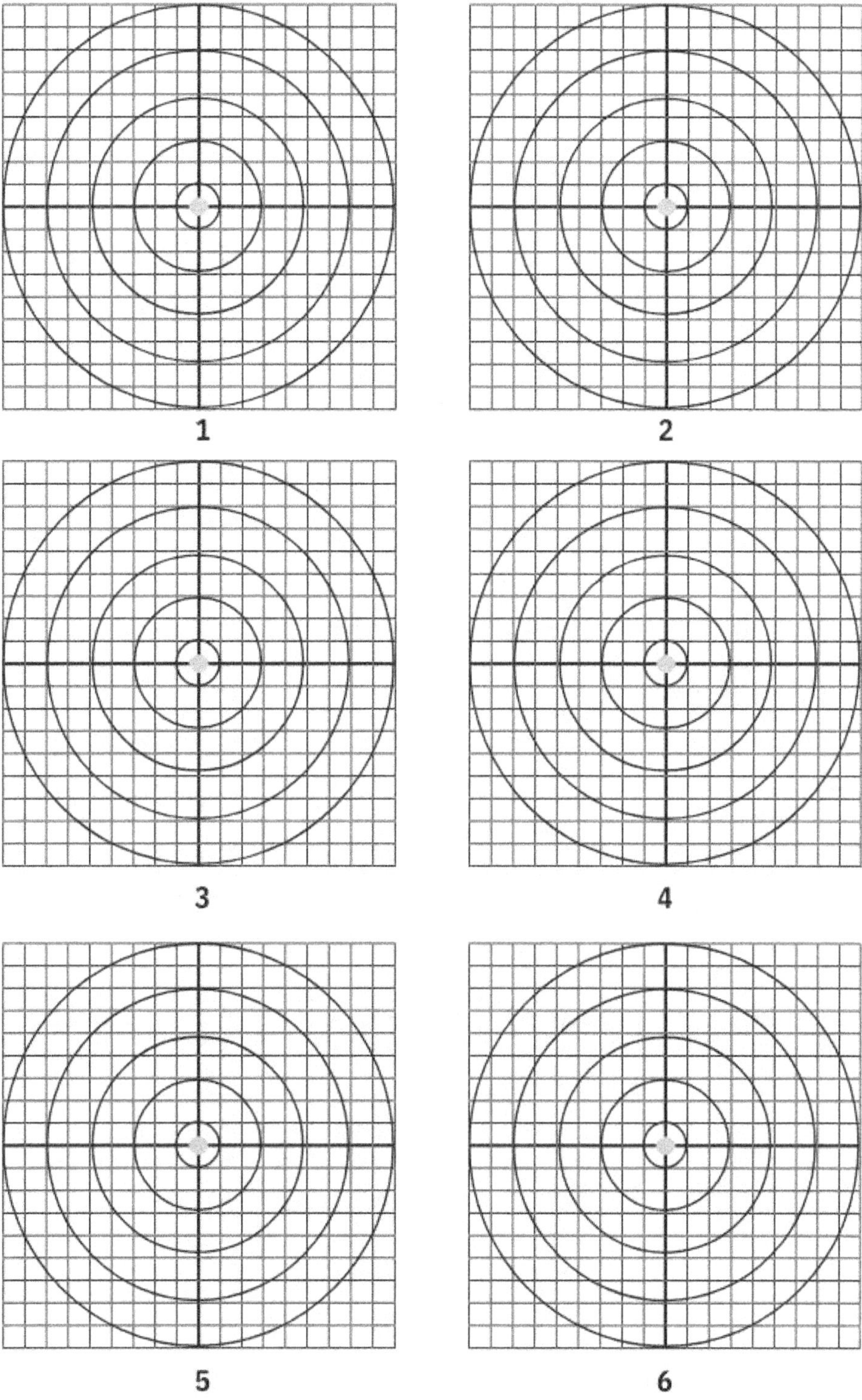

Une idée de cadeau parfaite pour les débutants et les professionnels

Livre de données sur le tir sportif

📅 Date: _________________ 🕐 Temps: _________

📍 Localisation: _______________________________

Conditions météorologiques

☐   ☐   ☐   ☐   ☐   ☐   ___   ___

Armes à feu:	
Balle:	Profondeur d'assise:
Poudre:	Céréales:
L'abécédaire:	
Laiton:	
Distance:	

Résultats globaux

☐ Mauvais   ☐ Juste   ☐ Bon   ☐ Excellent

Notes complémentaires

____

____

____

☆ ☆ ☆ ☆ ☆

Une idée de cadeau parfaite pour les débutants et les professionnels

Livre de données sur le tir sportif

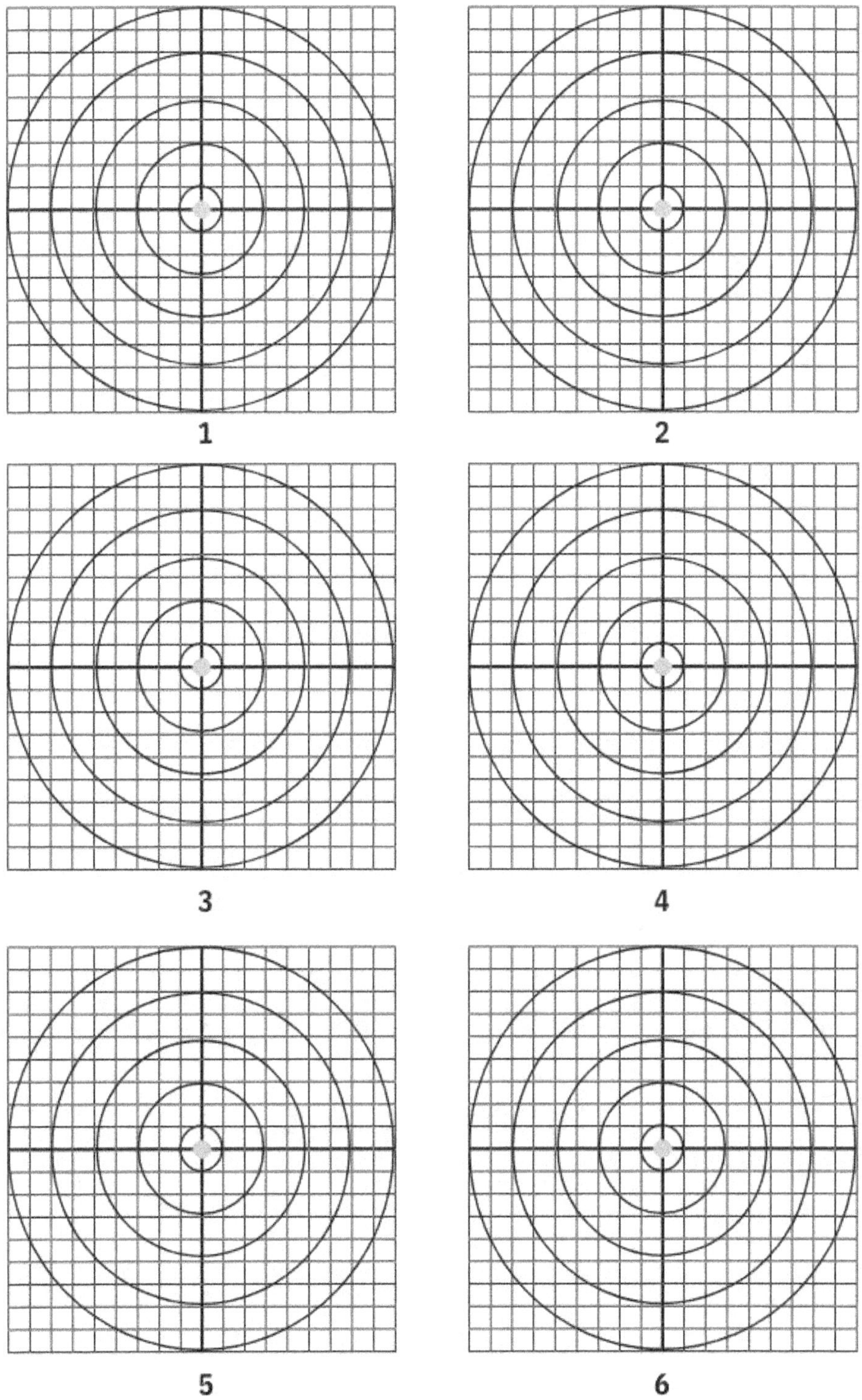

Une idée de cadeau parfaite pour les débutants et les professionnels

Livre de données sur le tir sportif

📅 Date: _______________________   🕐 Temps: _________

📍 Localisation: _______________________

Conditions météorologiques

☀ ☐   ⛅ ☐   🌥 ☐   ☁ ☐   🌧 ☐   🌨 ☐   🚩 _______   🌡 _______

Armes à feu:	
Balle:	Profondeur d'assise:
Poudre:	Céréales:
L'abécédaire:	
Laiton:	
Distance:	

Résultats globaux

☐ Mauvais   ☐ Juste   ☐ Bon   ☐ Excellent

Notes complémentaires

____

____

____

☆ ☆ ☆ ☆ ☆

Une idée de cadeau parfaite pour les débutants et les professionnels

Livre de données sur le tir sportif

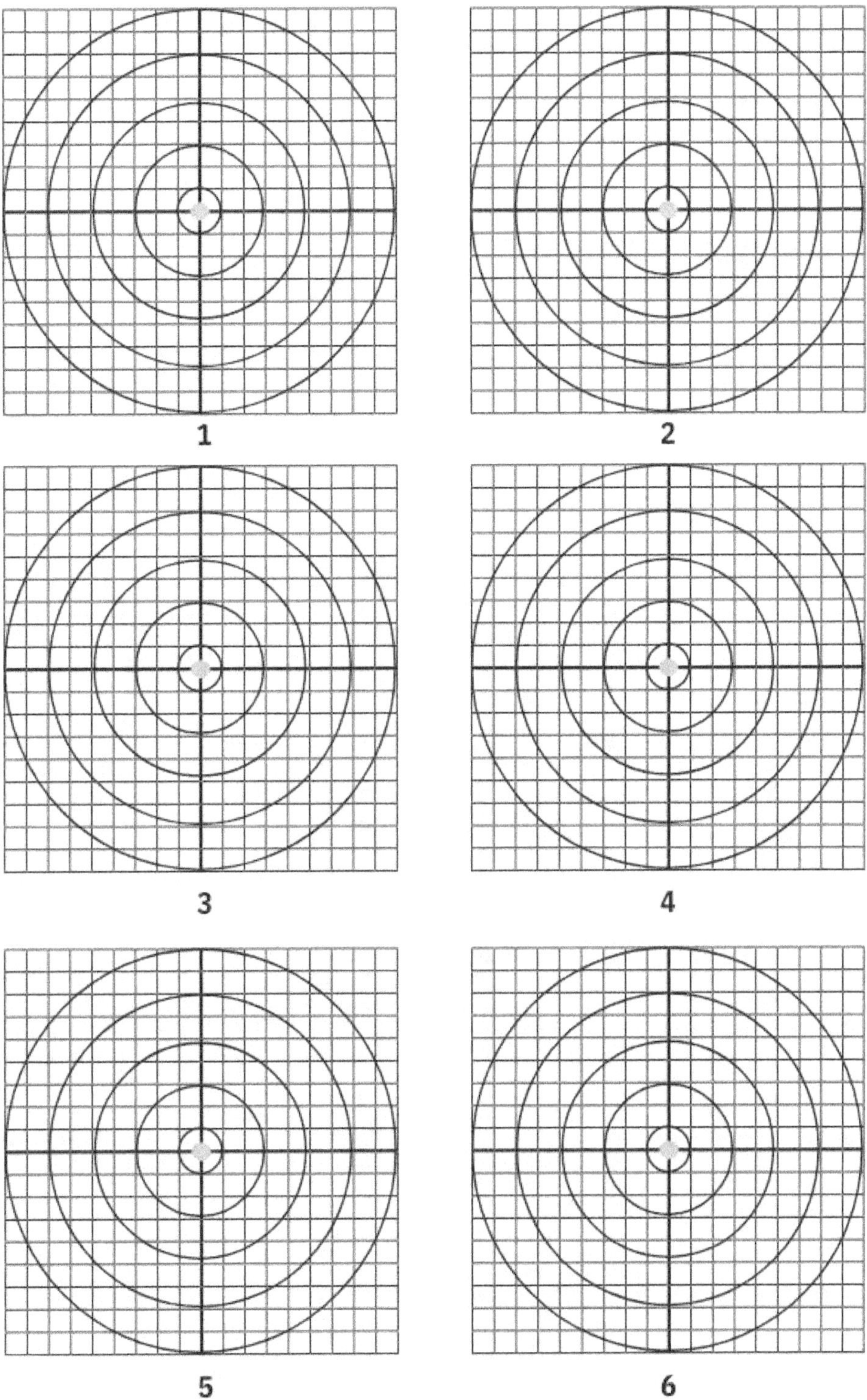

Une idée de cadeau parfaite pour les débutants et les professionnels

Livre de données sur le tir sportif

Date: _______________ Temps: _______

Localisation: _________________________

Conditions météorologiques

☐ ☐ ☐ ☐ ☐ ☐ _______ _______

Armes à feu:	
Balle:	Profondeur d'assise:
Poudre:	Céréales:
L'abécédaire:	
Laiton:	
Distance:	

Résultats globaux

☐ Mauvais   ☐ Juste   ☐ Bon   ☐ Excellent

Notes complémentaires

____

____

____

☆ ☆ ☆ ☆ ☆

Une idée de cadeau parfaite pour les débutants et les professionnels

Livre de données sur le tir sportif

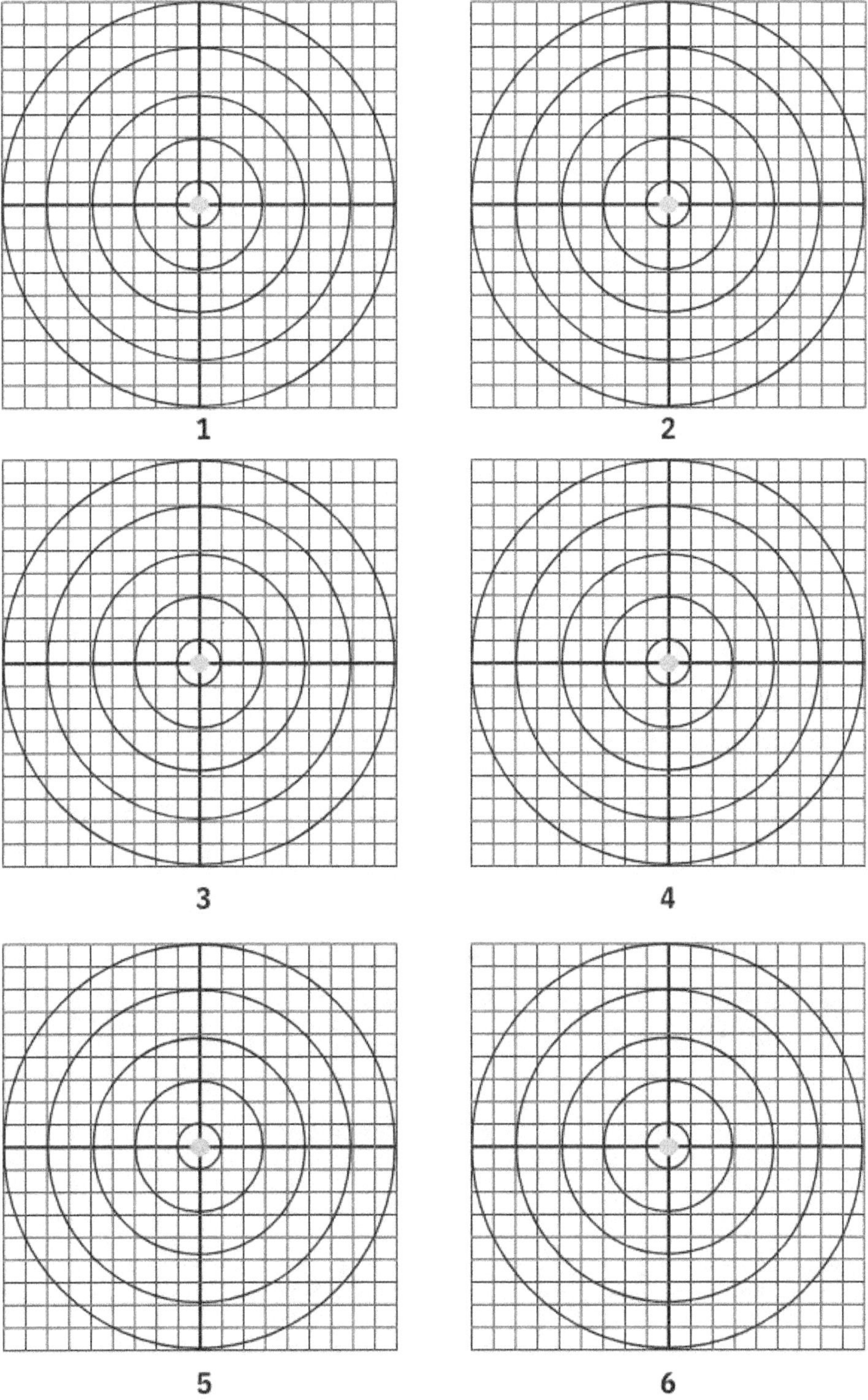

Une idée de cadeau parfaite pour les débutants et les professionnels

Livre de données sur le tir sportif

Date: _________________ Temps: _________

Localisation: _______________________________

Conditions météorologiques

☐ ☐ ☐ ☐ ☐ ☐ ____ ____

Armes à feu:	
Balle:	Profondeur d'assise:
Poudre:	Céréales:
L'abécédaire:	
Laiton:	
Distance:	

Résultats globaux

☐ Mauvais ☐ Juste ☐ Bon ☐ Excellent

Notes complémentaires

____

____

____

☆ ☆ ☆ ☆ ☆

Une idée de cadeau parfaite pour les débutants et les professionnels

Livre de données sur le tir sportif

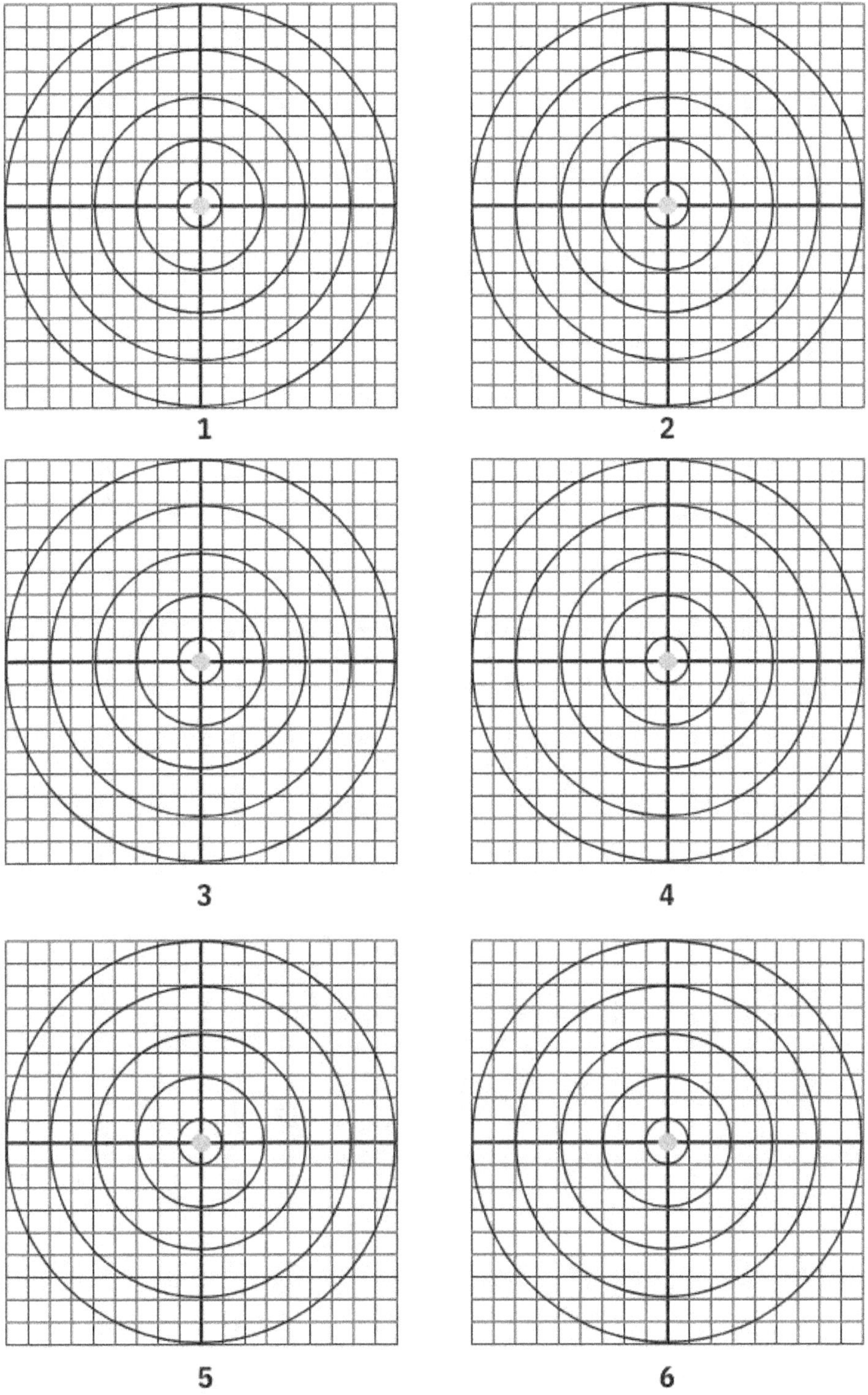

Une idée de cadeau parfaite pour les débutants et les professionnels

Livre de données sur le tir sportif

Date: _________________ Temps: _________

Localisation: _________________________________

Conditions météorologiques

☐ ☐ ☐ ☐ ☐ ☐ _____ _____

Armes à feu:	
Balle:	Profondeur d'assise:
Poudre:	Céréales:
L'abécédaire:	
Laiton:	
Distance:	

Résultats globaux

☐ Mauvais ☐ Juste ☐ Bon ☐ Excellent

Notes complémentaires

____

____

____

Une idée de cadeau parfaite pour les débutants et les professionnels

Livre de données sur le tir sportif

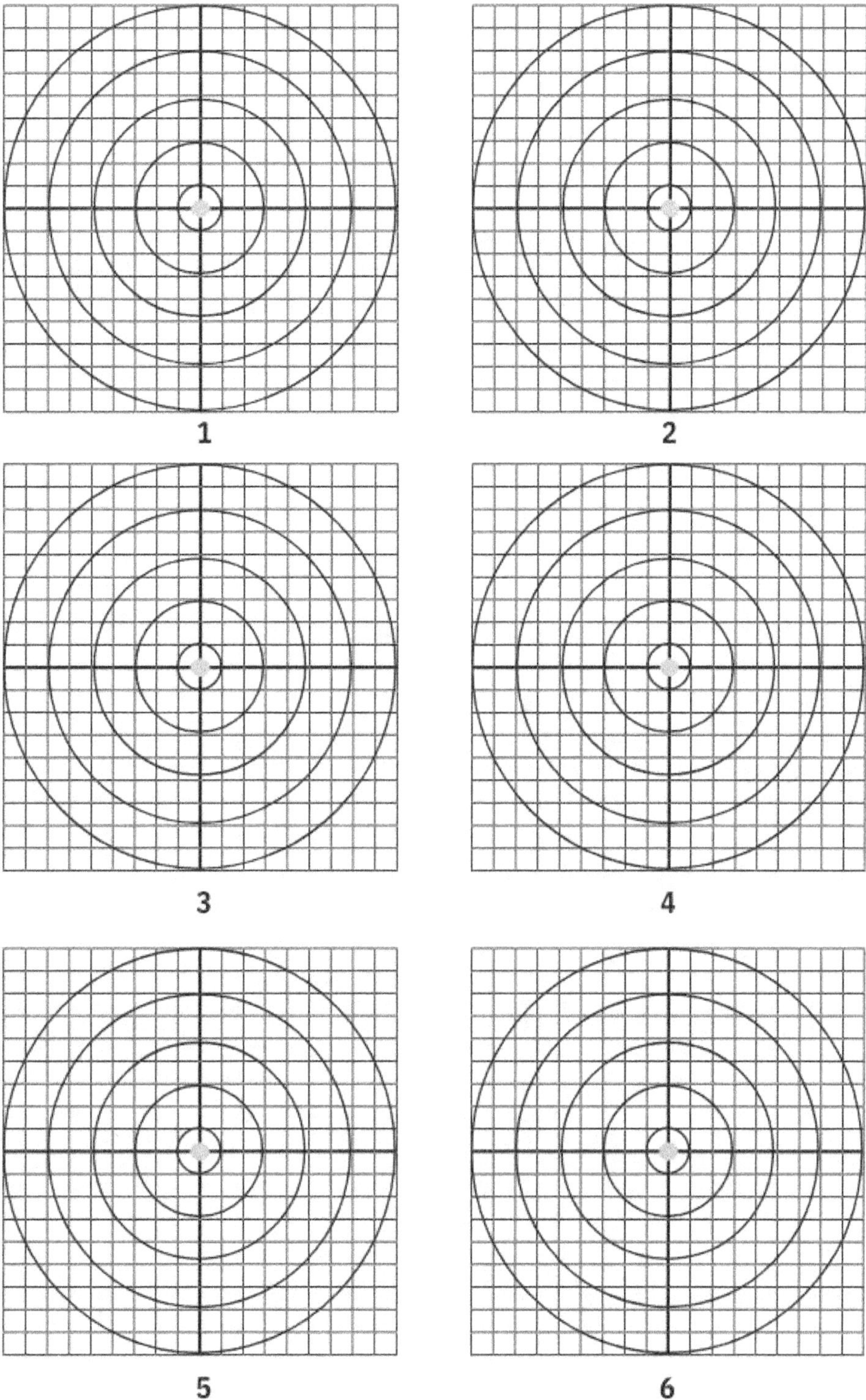

Une idée de cadeau parfaite pour les débutants et les professionnels

Livre de données sur le tir sportif

Date: _______________________   Temps: __________

Localisation: _______________________________

Conditions météorologiques

☐   ☐   ☐   ☐   ☐   ☐   _______   _______

Armes à feu:	
Balle:	Profondeur d'assise:
Poudre:	Céréales:
L'abécédaire:	
Laiton:	
Distance:	

Résultats globaux

☐ Mauvais   ☐ Juste   ☐ Bon   ☐ Excellent

Notes complémentaires

____

____

____

☆ ☆ ☆ ☆ ☆

Une idée de cadeau parfaite pour les débutants et les professionnels

Livre de données sur le tir sportif

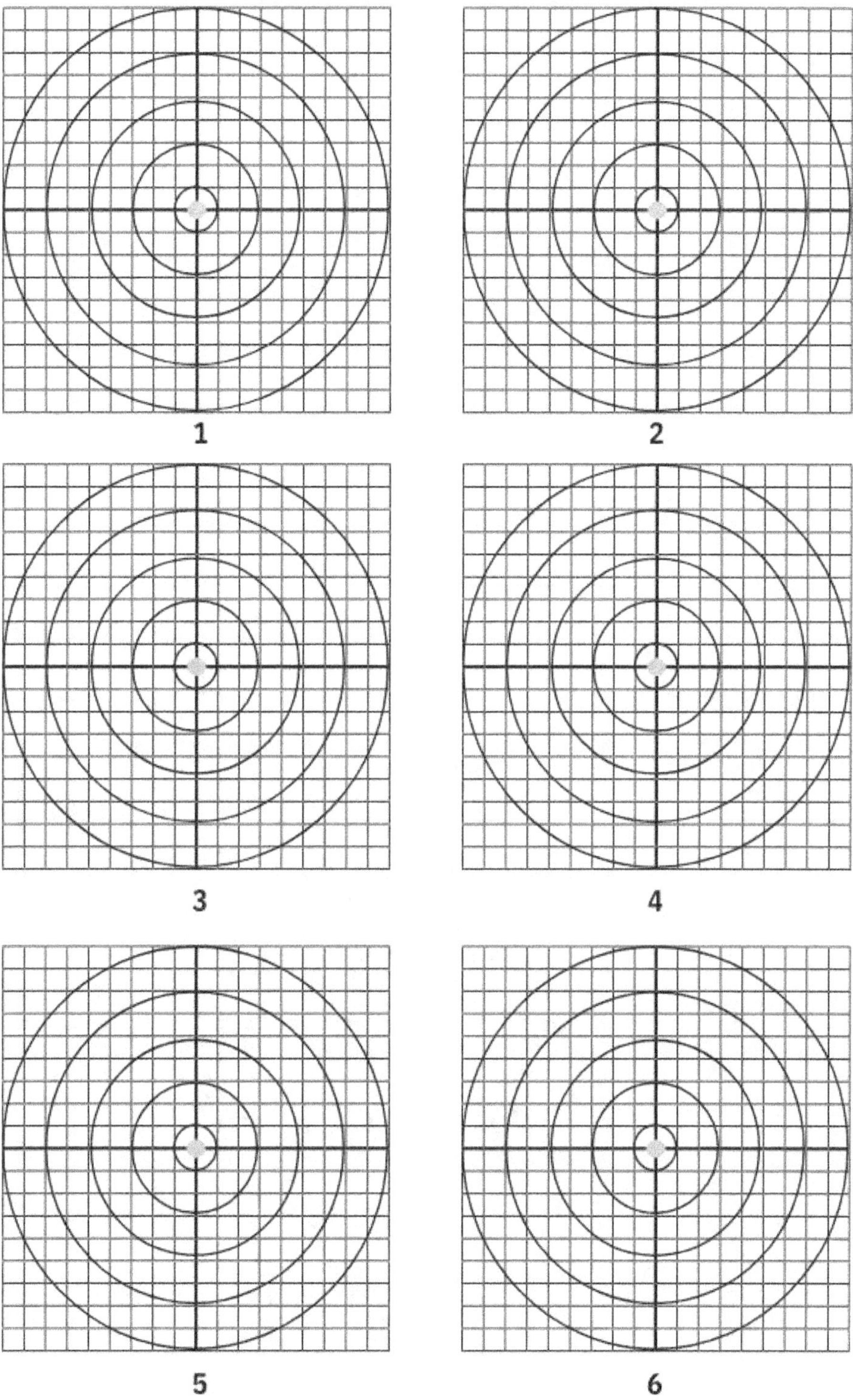

Une idée de cadeau parfaite pour les débutants et les professionnels

Livre de données sur le tir sportif

📅 Date: _________________   🕐 Temps: _________

📍 Localisation: _____________________________

Conditions météorologiques

☐   ☐   ☐   ☐   ☐   ☐   ___   ___

Armes à feu:	
Balle:	Profondeur d'assise:
Poudre:	Céréales:
L'abécédaire:	
Laiton:	
Distance:	

Résultats globaux

☐ Mauvais   ☐ Juste   ☐ Bon   ☐ Excellent

Notes complémentaires

____

____

____

☆ ☆ ☆ ☆ ☆

Une idée de cadeau parfaite pour les débutants et les professionnels

Livre de données sur le tir sportif

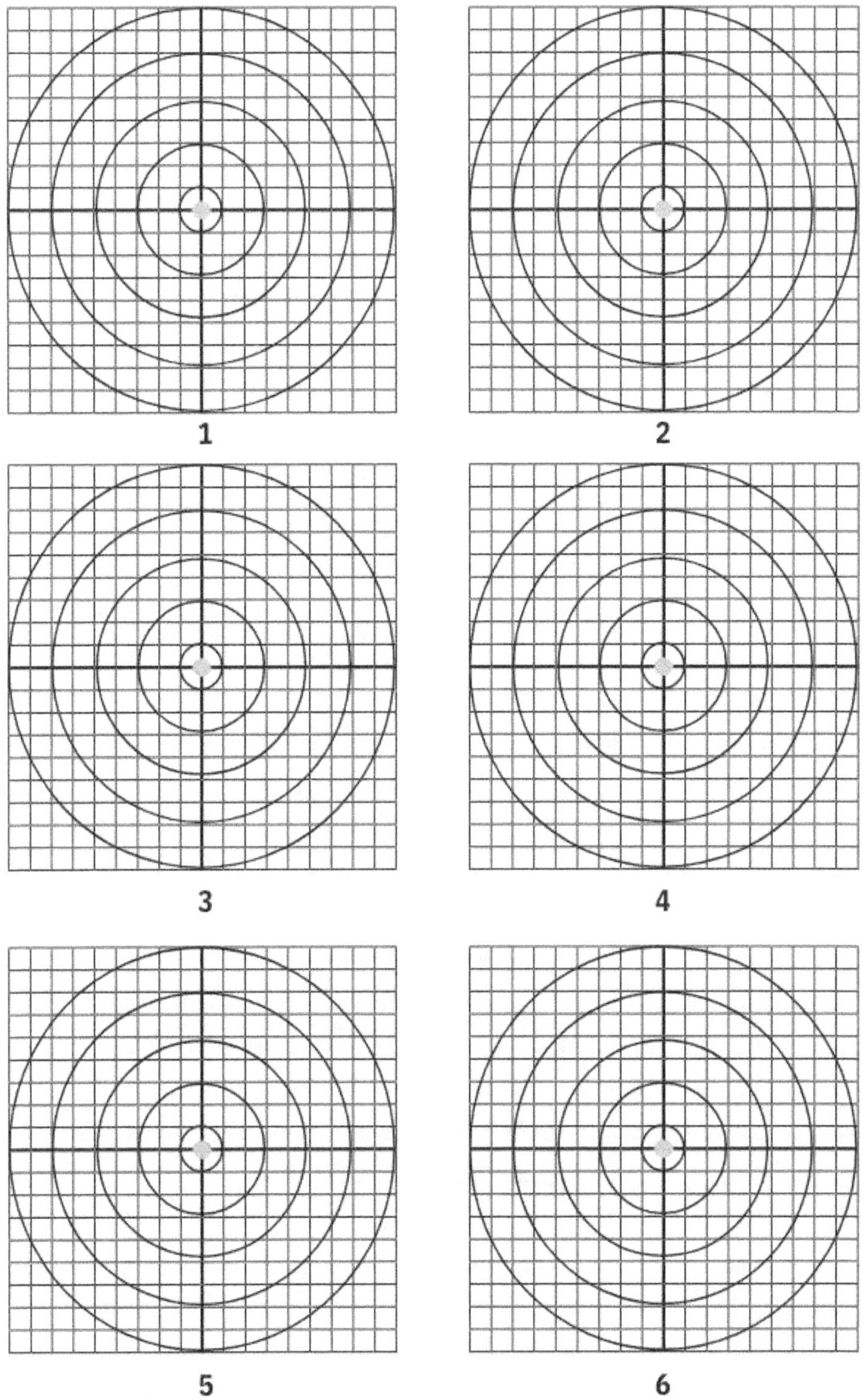

Une idée de cadeau parfaite pour les débutants et les professionnels

Livre de données sur le tir sportif

Date: ________________   Temps: ________

Localisation: ______________________

Conditions météorologiques

☐   ☐   ☐   ☐   ☐   ☐   ___   ___

Armes à feu:	
Balle:	Profondeur d'assise:
Poudre:	Céréales:
L'abécédaire:	
Laiton:	
Distance:	

Résultats globaux

☐ Mauvais   ☐ Juste   ☐ Bon   ☐ Excellent

Notes complémentaires

____

____

☆ ☆ ☆ ☆ ☆

Une idée de cadeau parfaite pour les débutants et les professionnels

Livre de données sur le tir sportif

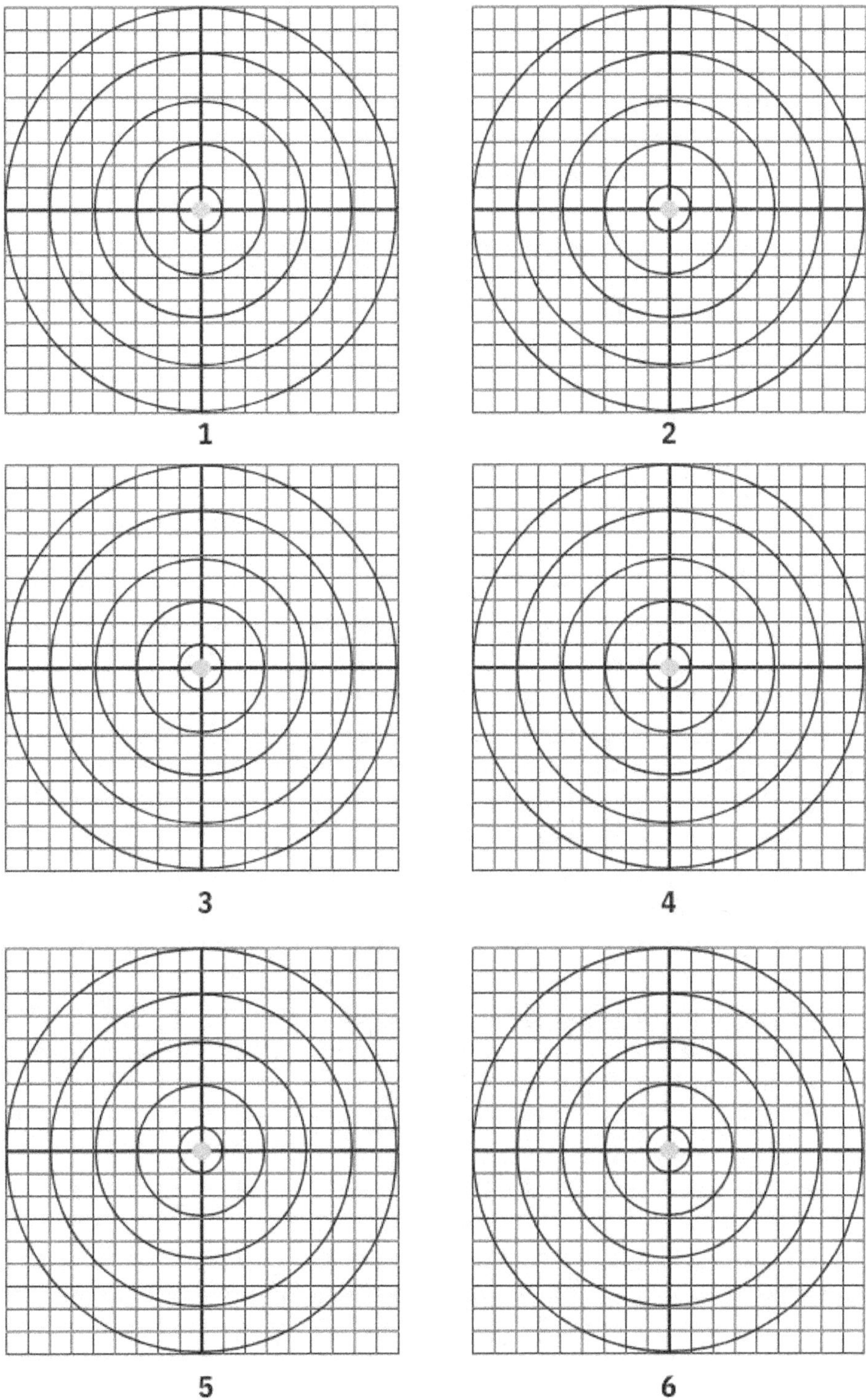

Une idée de cadeau parfaite pour les débutants et les professionnels

Livre de données sur le tir sportif

📅 Date: _________________   🕐 Temps: _________

📍 Localisation: _________________________________

Conditions météorologiques

☐ ☐ ☐ ☐ ☐ ☐ ___________ ___________

Armes à feu:	
Balle:	Profondeur d'assise:
Poudre:	Céréales:
L'abécédaire:	
Laiton:	
Distance:	

Résultats globaux

☐ Mauvais   ☐ Juste   ☐ Bon   ☐ Excellent

Notes complémentaires

____

____

____

☆ ☆ ☆ ☆ ☆

Une idée de cadeau parfaite pour les débutants et les professionnels

Livre de données sur le tir sportif

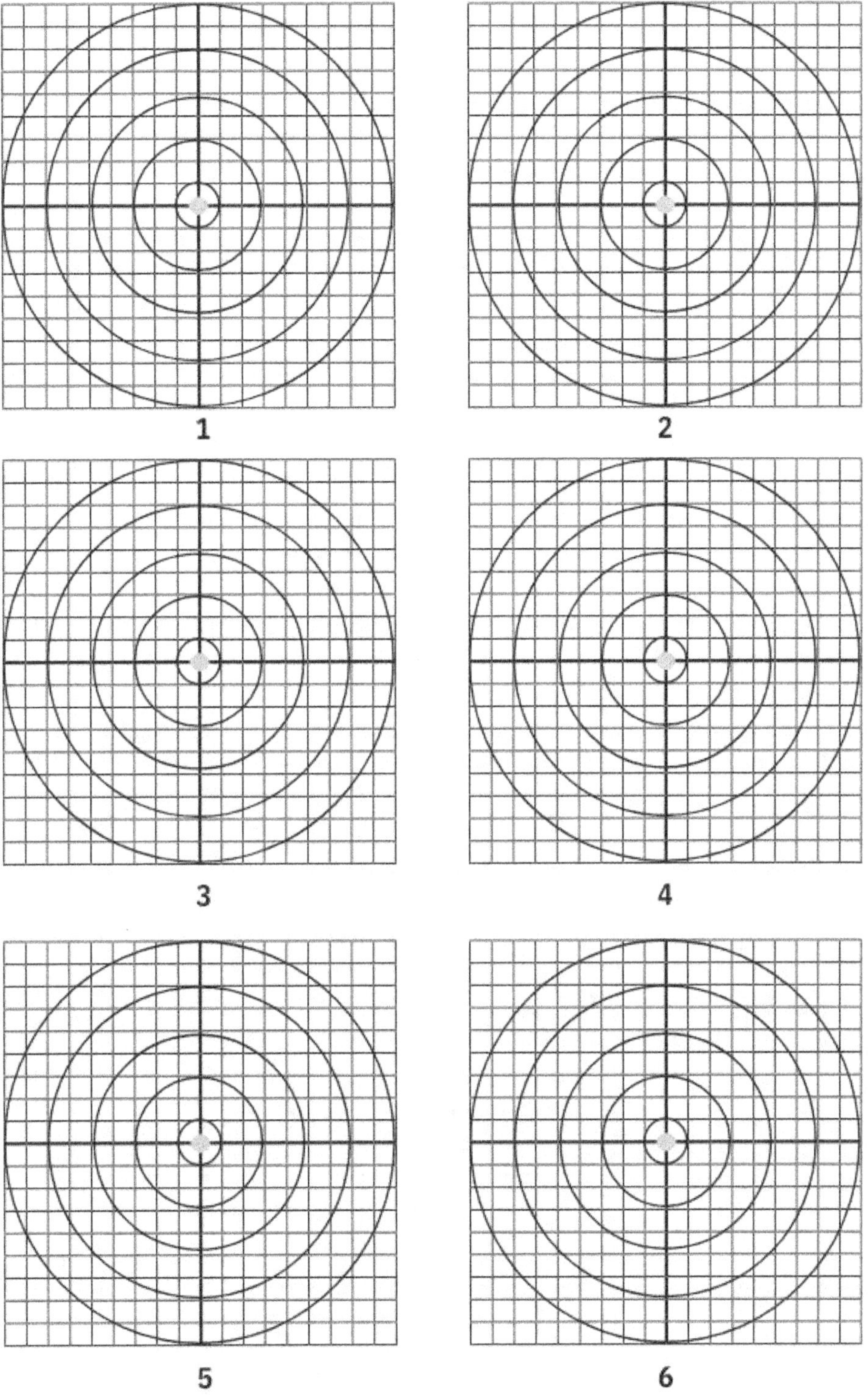

Une idée de cadeau parfaite pour les débutants et les professionnels

Livre de données sur le tir sportif

📅 Date: _________________   🕐 Temps: _________

📍 Localisation: _________________________________

Conditions météorologiques

☼ ☐   ⛅ ☐   🌥 ☐   🌧 ☐   🌧 ☐   🌨 ☐   🚩 _______   🌡 _______

Armes à feu:	
Balle:	Profondeur d'assise:
Poudre:	Céréales:
L'abécédaire:	
Laiton:	
Distance:	

Résultats globaux

☐ Mauvais   ☐ Juste   ☐ Bon   ☐ Excellent

Notes complémentaires

____

____

____

☆ ☆ ☆ ☆ ☆

Une idée de cadeau parfaite pour les débutants et les professionnels

Livre de données sur le tir sportif

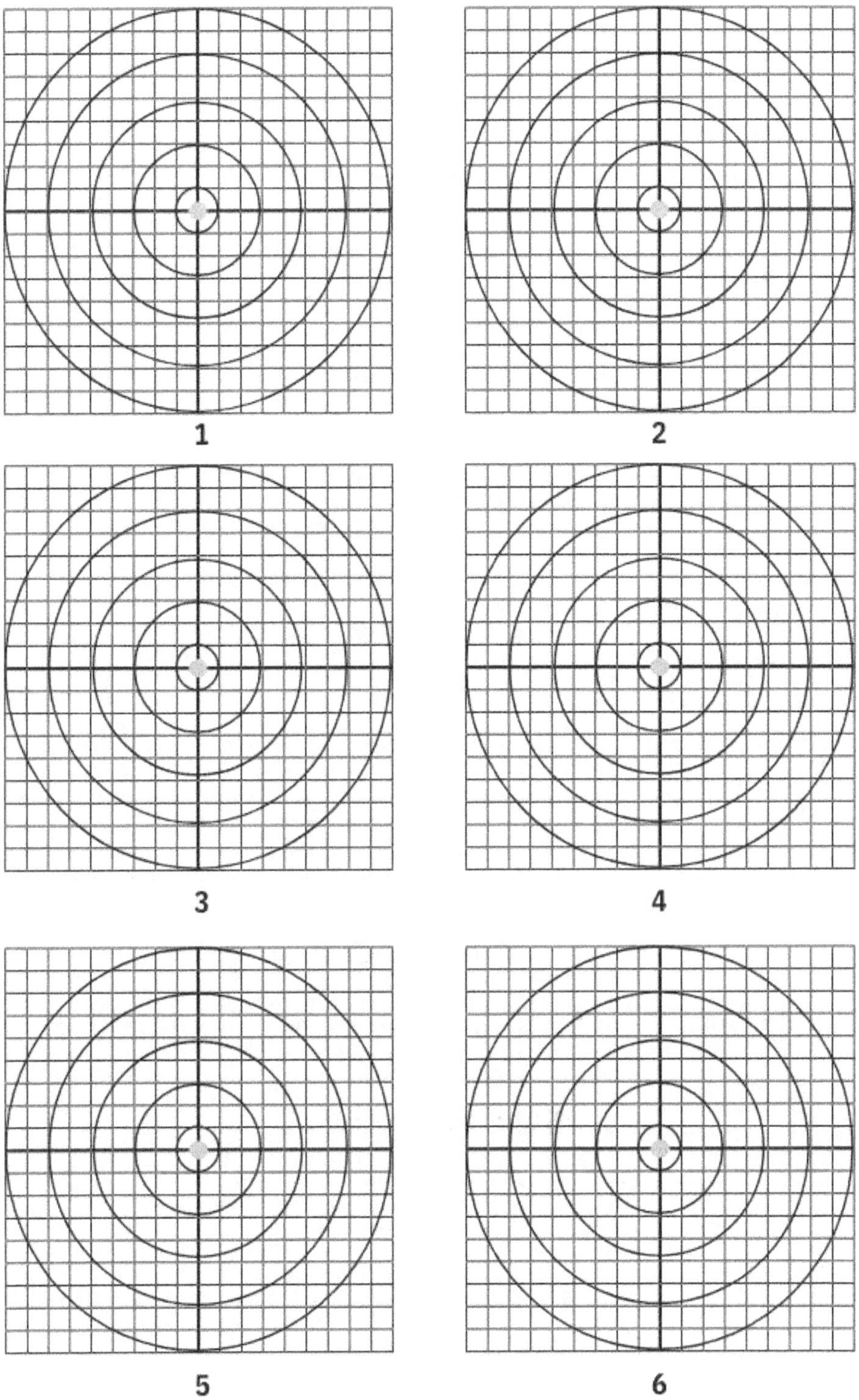

Une idée de cadeau parfaite pour les débutants et les professionnels

Livre de données sur le tir sportif

📅 Date: ________________________   🕐 Temps: __________

📍 Localisation: ______________________________

Conditions météorologiques

☀️ ☐   ⛅ ☐   🌦 ☐   🌧 ☐   🌧 ☐   🌨 ☐   🚩 ______   🌡 ______

Armes à feu:	
Balle:	Profondeur d'assise:
Poudre:	Céréales:
L'abécédaire:	
Laiton:	
Distance:	

Résultats globaux

☐ Mauvais   ☐ Juste   ☐ Bon   ☐ Excellent

Notes complémentaires

____

____

____

☆ ☆ ☆ ☆ ☆

Une idée de cadeau parfaite pour les débutants et les professionnels

Livre de données sur le tir sportif

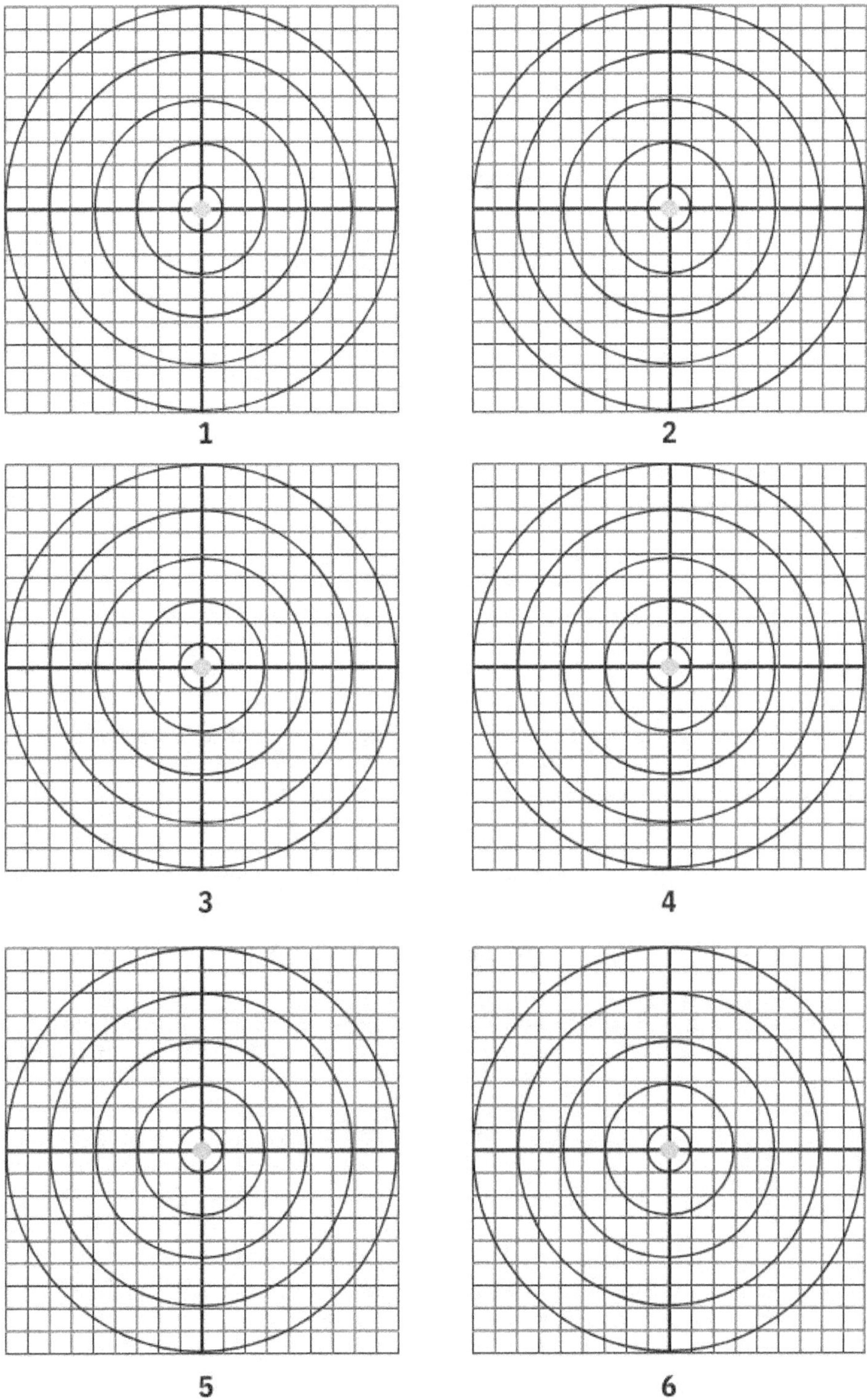

Une idée de cadeau parfaite pour les débutants et les professionnels

Livre de données sur le tir sportif

Date: ___________________   Temps: __________

Localisation: ______________________________

Conditions météorologiques

☐   ☐   ☐   ☐   ☐   ☐   _____   _____

Armes à feu:	
Balle:	Profondeur d'assise:
Poudre:	Céréales:
L'abécédaire:	
Laiton:	
Distance:	

Résultats globaux

☐ Mauvais   ☐ Juste   ☐ Bon   ☐ Excellent

Notes complémentaires

____

____

☆ ☆ ☆ ☆ ☆

Une idée de cadeau parfaite pour les débutants et les professionnels

Livre de données sur le tir sportif

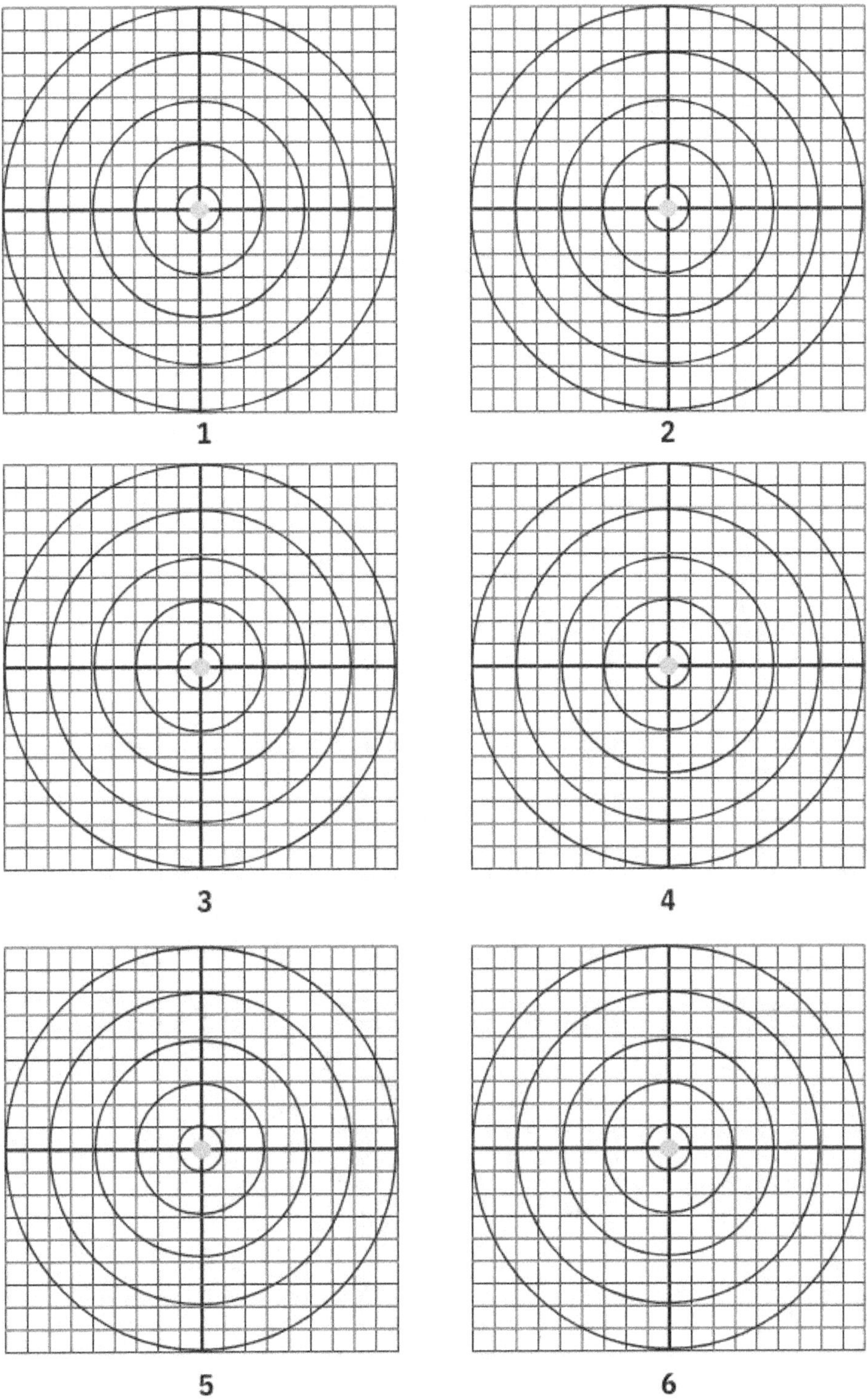

Une idée de cadeau parfaite pour les débutants et les professionnels

Livre de données sur le tir sportif

Date: _________________   Temps: _________

Localisation: _______________________________

Conditions météorologiques

☐ ☐ ☐ ☐ ☐ ☐ _______   _______

Armes à feu:	
Balle:	Profondeur d'assise:
Poudre:	Céréales:
L'abécédaire:	
Laiton:	
Distance:	

Résultats globaux

☐ Mauvais ☐ Juste ☐ Bon ☐ Excellent

Notes complémentaires

____

____

☆ ☆ ☆ ☆ ☆

Une idée de cadeau parfaite pour les débutants et les professionnels

Livre de données sur le tir sportif

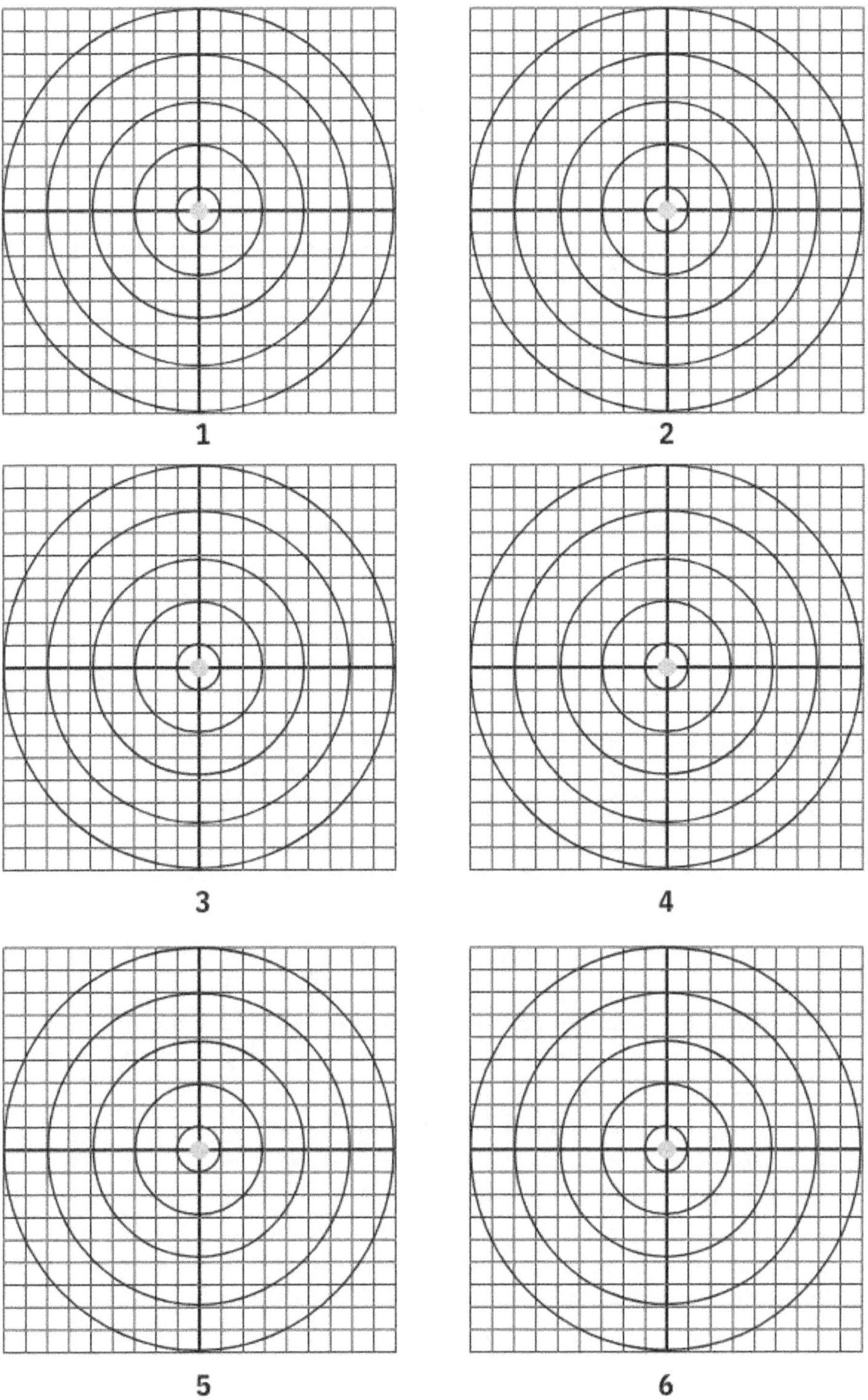

Une idée de cadeau parfaite pour les débutants et les professionnels

Livre de données sur le tir sportif

📅 Date: ________________________   🕐 Temps: __________

📍 Localisation: _________________________________

Conditions météorologiques

☀ ☐   ⛅ ☐   🌥 ☐   🌦 ☐   🌧 ☐   🌨 ☐   🚩 ______   🌡 ______

Armes à feu:	
Balle:	Profondeur d'assise:
Poudre:	Céréales:
L'abécédaire:	
Laiton:	
Distance:	

Résultats globaux

☐ Mauvais   ☐ Juste   ☐ Bon   ☐ Excellent

Notes complémentaires

____

____

☆ ☆ ☆ ☆ ☆

Une idée de cadeau parfaite pour les débutants et les professionnels

Livre de données sur le tir sportif

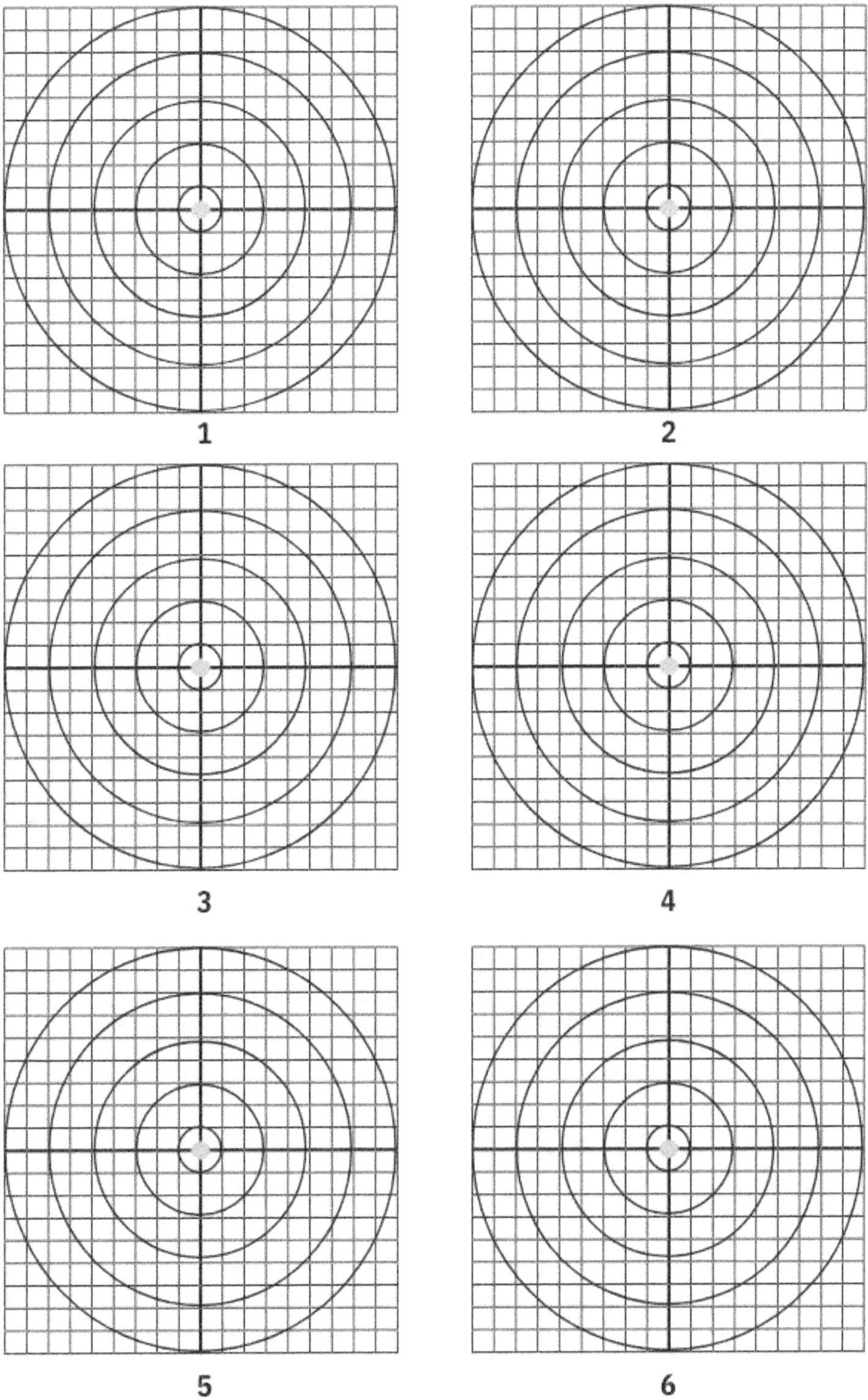

Une idée de cadeau parfaite pour les débutants et les professionnels

Livre de données sur le tir sportif

Date: _________________________   Temps: _________________

Localisation: ____

Conditions météorologiques

☐   ☐   ☐   ☐   ☐   ☐   _______   _______

Armes à feu:	
Balle:	Profondeur d'assise:
Poudre:	Céréales:
L'abécédaire:	
Laiton:	
Distance:	

Résultats globaux

☐ Mauvais   ☐ Juste   ☐ Bon   ☐ Excellent

Notes complémentaires

____

____

____

☆ ☆ ☆ ☆ ☆

Une idée de cadeau parfaite pour les débutants et les professionnels

Livre de données sur le tir sportif

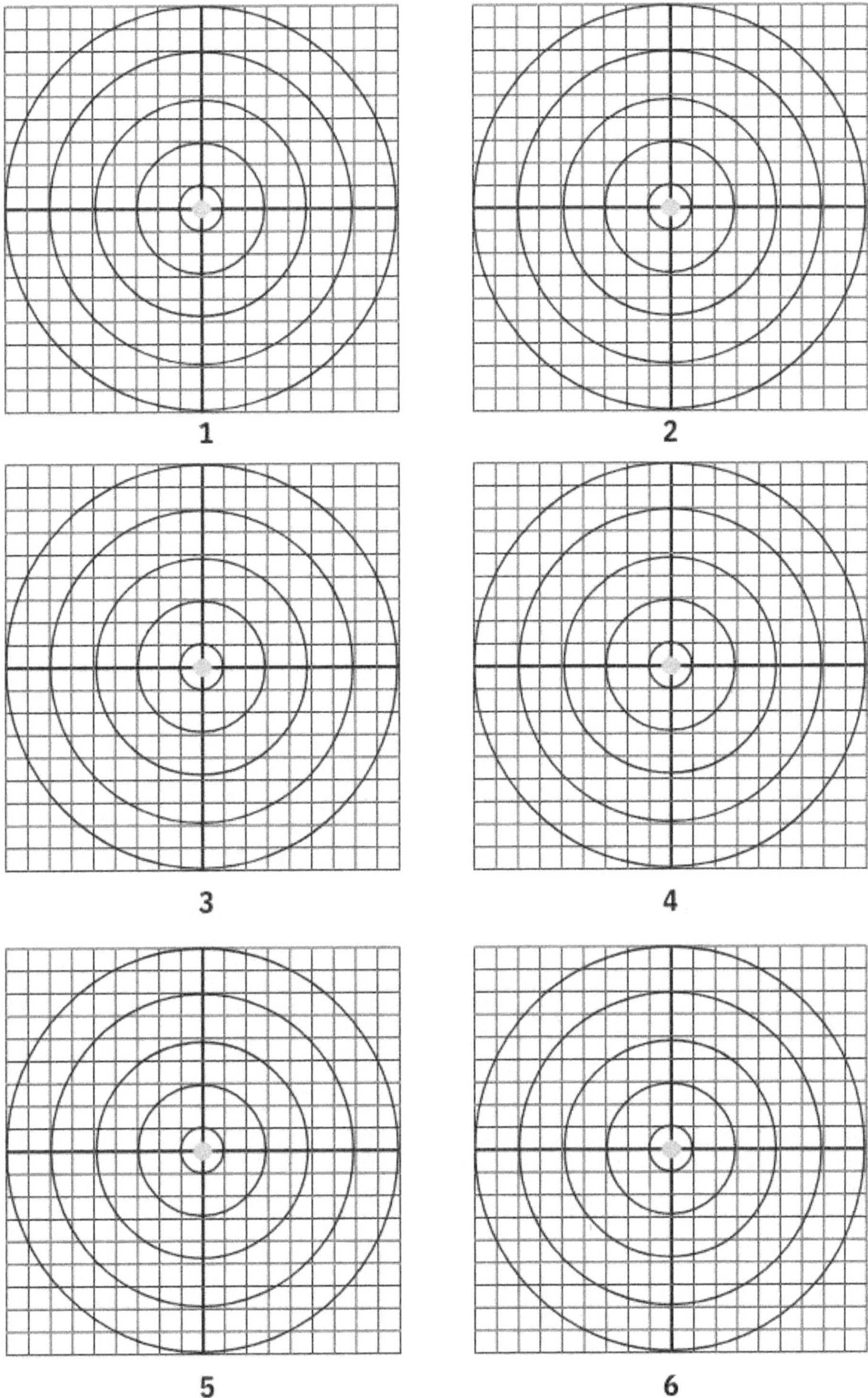

Une idée de cadeau parfaite pour les débutants et les professionnels

Livre de données sur le tir sportif

📅 Date: _________________   🕐 Temps: _________

📍 Localisation: _____________________________

Conditions météorologiques

☐   ☐   ☐   ☐   ☐   ☐

Armes à feu:	
Balle:	Profondeur d'assise:
Poudre:	Céréales:
L'abécédaire:	
Laiton:	
Distance:	

Résultats globaux

☐ Mauvais   ☐ Juste   ☐ Bon   ☐ Excellent

Notes complémentaires

____

____

____

☆ ☆ ☆ ☆ ☆

Une idée de cadeau parfaite pour les débutants et les professionnels

Livre de données sur le tir sportif

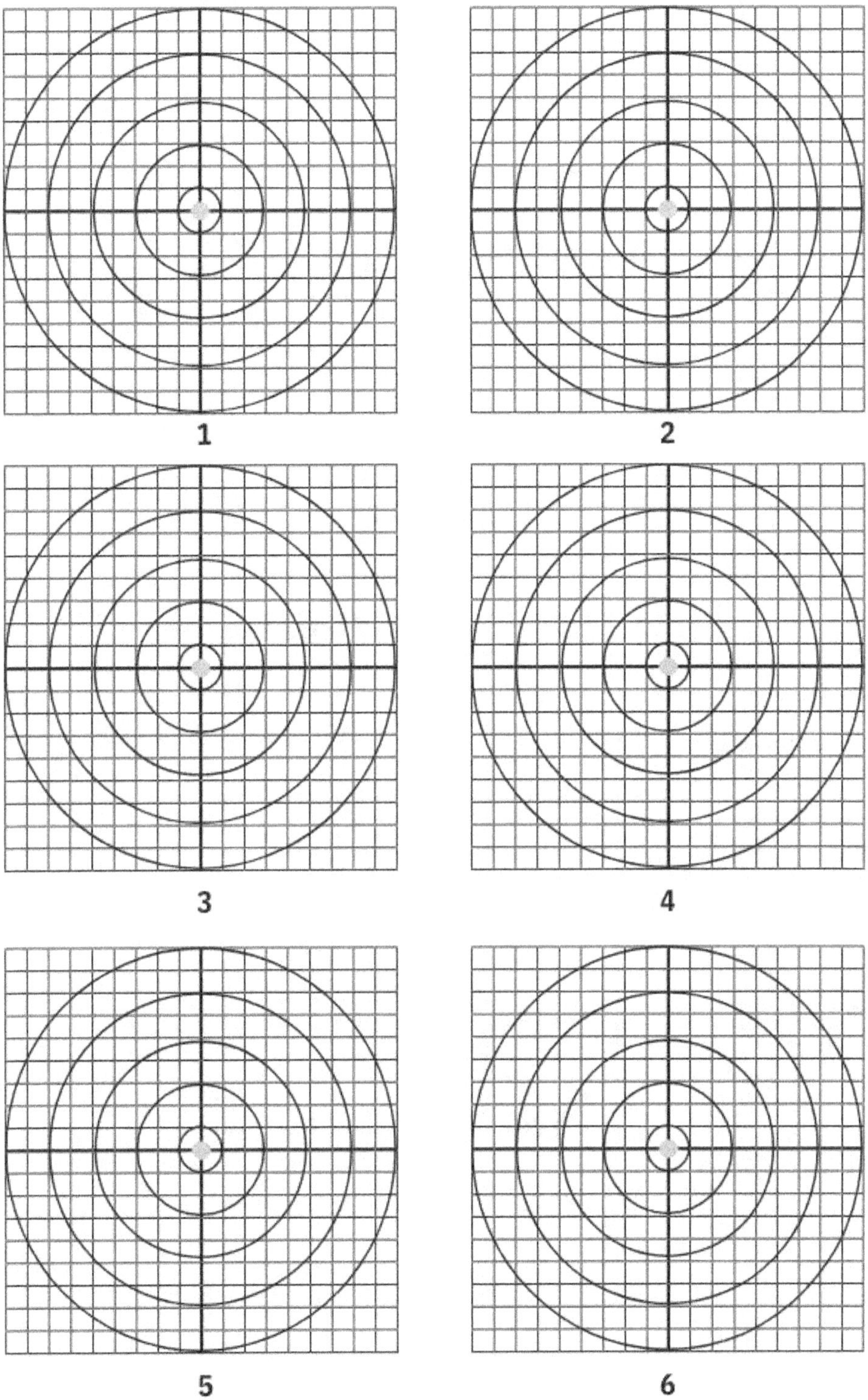

Une idée de cadeau parfaite pour les débutants et les professionnels

Livre de données sur le tir sportif

📅 Date: _________________________   🕐 Temps: _________

📍 Localisation: _____________________________________

Conditions météorologiques

☀ ☐ 🌤 ☐ 🌥 ☐ 🌦 ☐ 🌧 ☐ 🌨 ☐ 🚩 _______ 🌡 _______

Armes à feu:	
Balle:	Profondeur d'assise:
Poudre:	Céréales:
L'abécédaire:	
Laiton:	
Distance:	

Résultats globaux

☐ Mauvais   ☐ Juste   ☐ Bon   ☐ Excellent

Notes complémentaires

____

____

____

☆ ☆ ☆ ☆ ☆

Une idée de cadeau parfaite pour les débutants et les professionnels

Livre de données sur le tir sportif

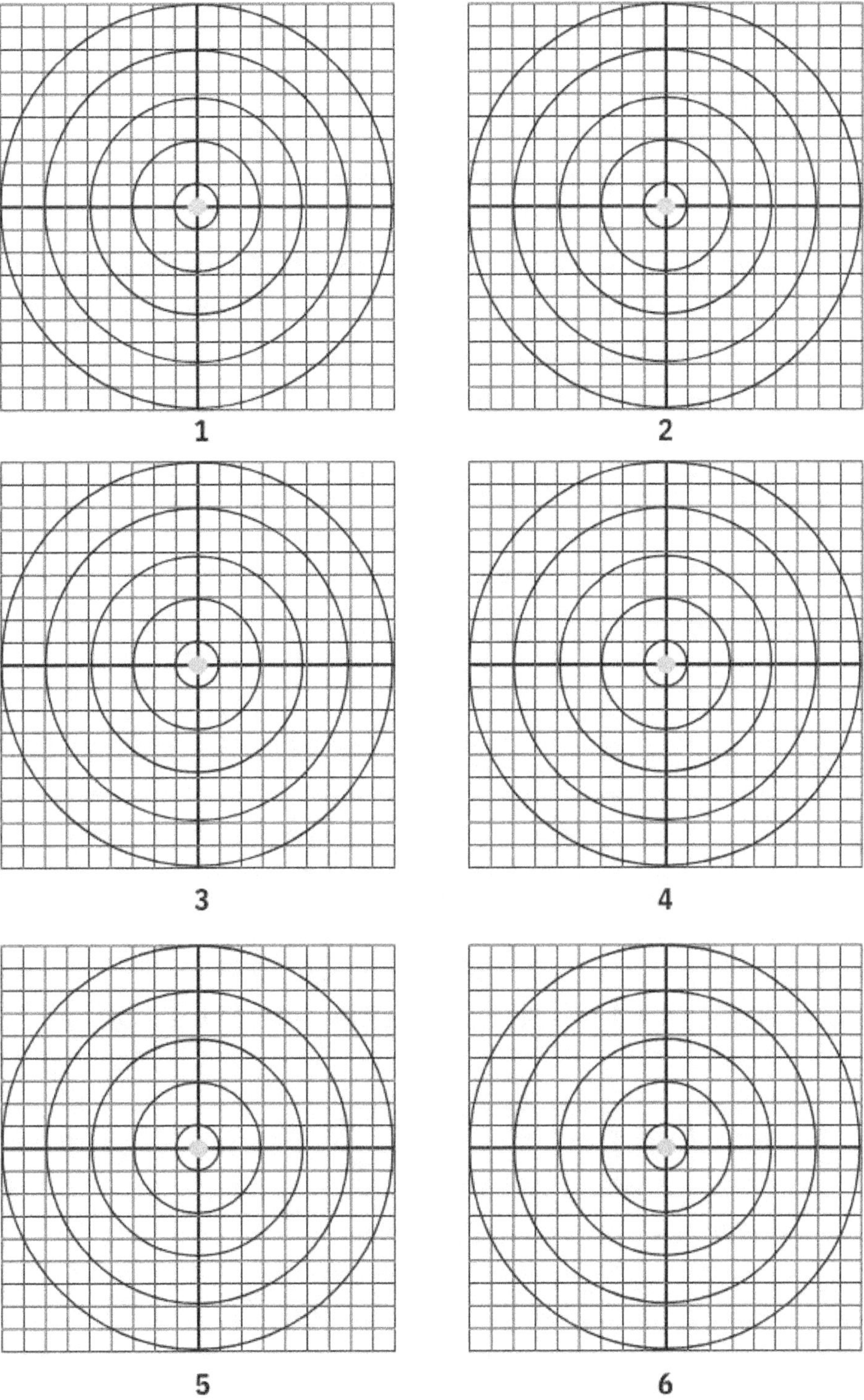

Une idée de cadeau parfaite pour les débutants et les professionnels

Livre de données sur le tir sportif

Date: _________________ Temps: _________

Localisation: _______________________________

Conditions météorologiques

☐　☐　☐　☐　☐　☐

Armes à feu:	
Balle:	Profondeur d'assise:
Poudre:	Céréales:
L'abécédaire:	
Laiton:	
Distance:	

Résultats globaux

☐ Mauvais　☐ Juste　☐ Bon　☐ Excellent

Notes complémentaires

____

____

____

☆ ☆ ☆ ☆ ☆

Une idée de cadeau parfaite pour les débutants et les professionnels

Livre de données sur le tir sportif

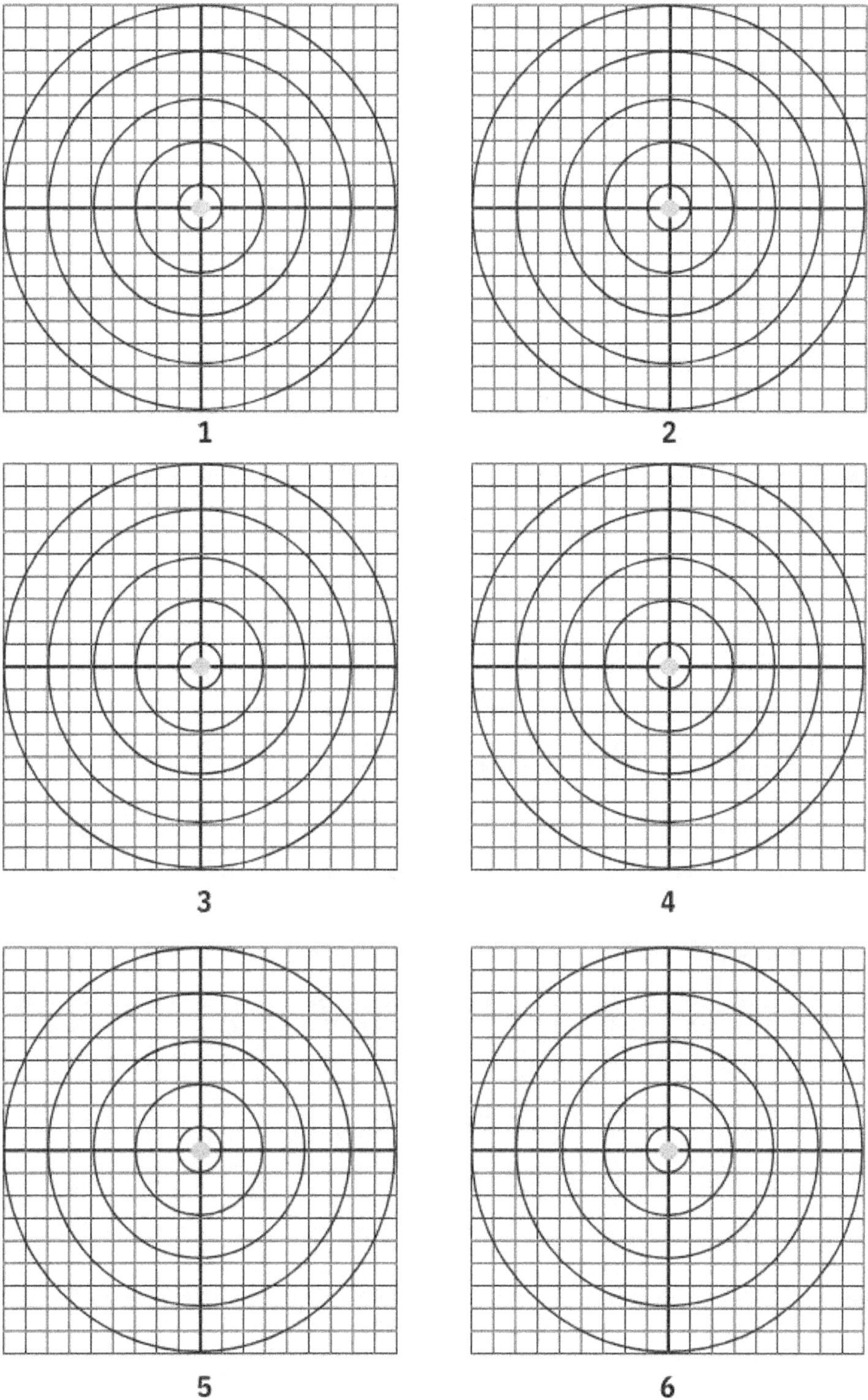

Une idée de cadeau parfaite pour les débutants et les professionnels

Livre de données sur le tir sportif

Date: _________________________   Temps: _________

Localisation: _______________________________

Conditions météorologiques

☐   ☐   ☐   ☐   ☐   ☐

Armes à feu:	
Balle:	Profondeur d'assise:
Poudre:	Céréales:
L'abécédaire:	
Laiton:	
Distance:	

Résultats globaux

☐ Mauvais   ☐ Juste   ☐ Bon   ☐ Excellent

Notes complémentaires

____

____

____

☆ ☆ ☆ ☆ ☆

Une idée de cadeau parfaite pour les débutants et les professionnels

Livre de données sur le tir sportif

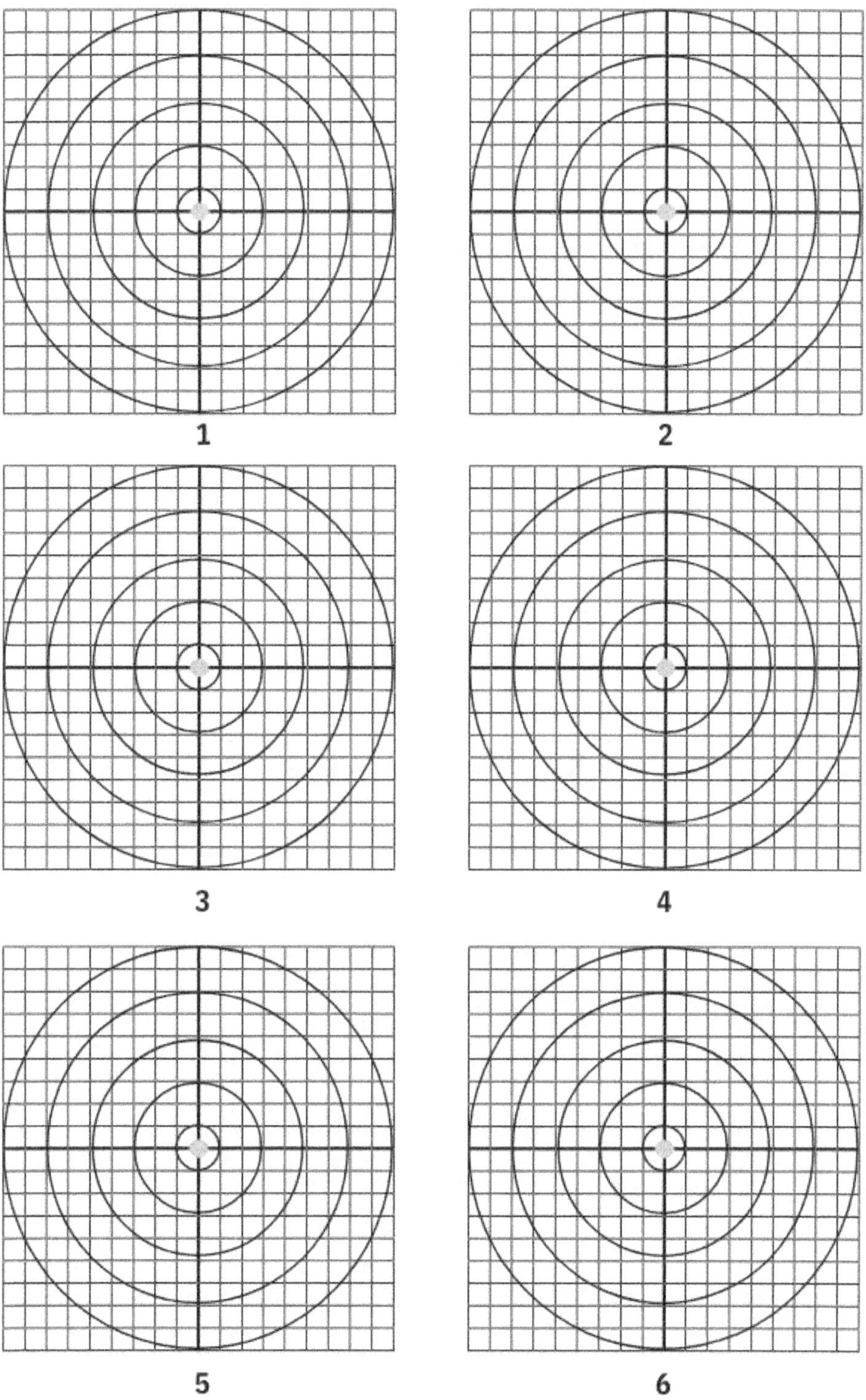

Une idée de cadeau parfaite pour les débutants et les professionnels

Livre de données sur le tir sportif

📅 Date: _________________ 🕐 Temps: _________

📍 Localisation: _________________________________

Conditions météorologiques

☀ ☐ ⛅ ☐ 🌦 ☐ 🌧 ☐ 🌧 ☐ 🌨 ☐ 🚩 _____ 🌡 _____

Armes à feu:	
Balle:	Profondeur d'assise:
Poudre:	Céréales:
L'abécédaire:	
Laiton:	
Distance:	

Résultats globaux

☐ Mauvais   ☐ Juste   ☐ Bon   ☐ Excellent

Notes complémentaires

____

____

☆ ☆ ☆ ☆ ☆

Une idée de cadeau parfaite pour les débutants et les professionnels

Livre de données sur le tir sportif

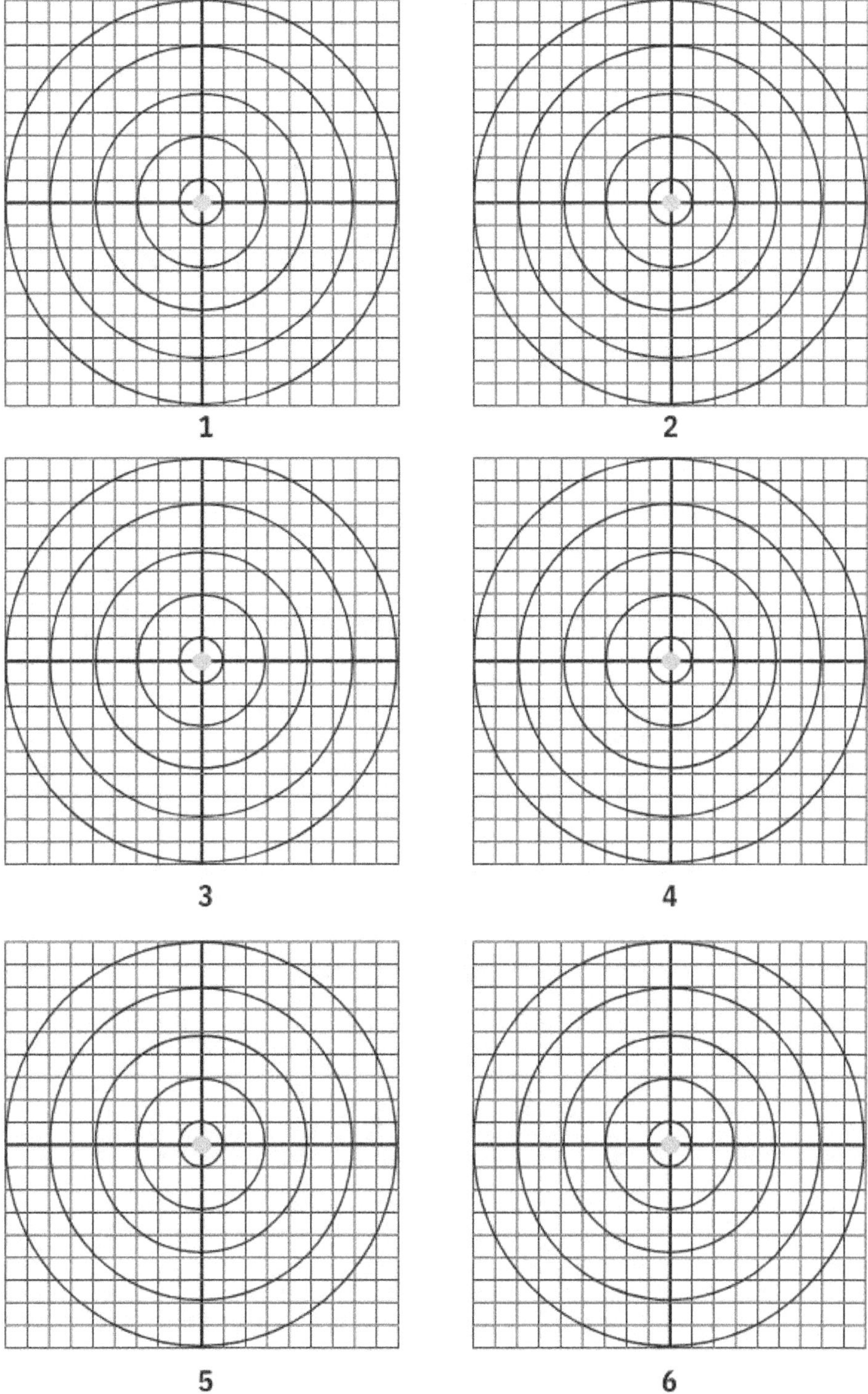

Une idée de cadeau parfaite pour les débutants et les professionnels

Livre de données sur le tir sportif

Date: _________________ Temps: _________

Localisation: _________________________

Conditions météorologiques

☀ ☐   ☁ ☐   ⛅ ☐   ☁ ☐   🌧 ☐   🌨 ☐   🚩 ______   🌡 ______

Armes à feu:	
Balle:	Profondeur d'assise:
Poudre:	Céréales:
L'abécédaire:	
Laiton:	
Distance:	

Résultats globaux

☐ Mauvais ☐ Juste ☐ Bon ☐ Excellent

Notes complémentaires

____

____

____

☆ ☆ ☆ ☆ ☆

Une idée de cadeau parfaite pour les débutants et les professionnels

Livre de données sur le tir sportif

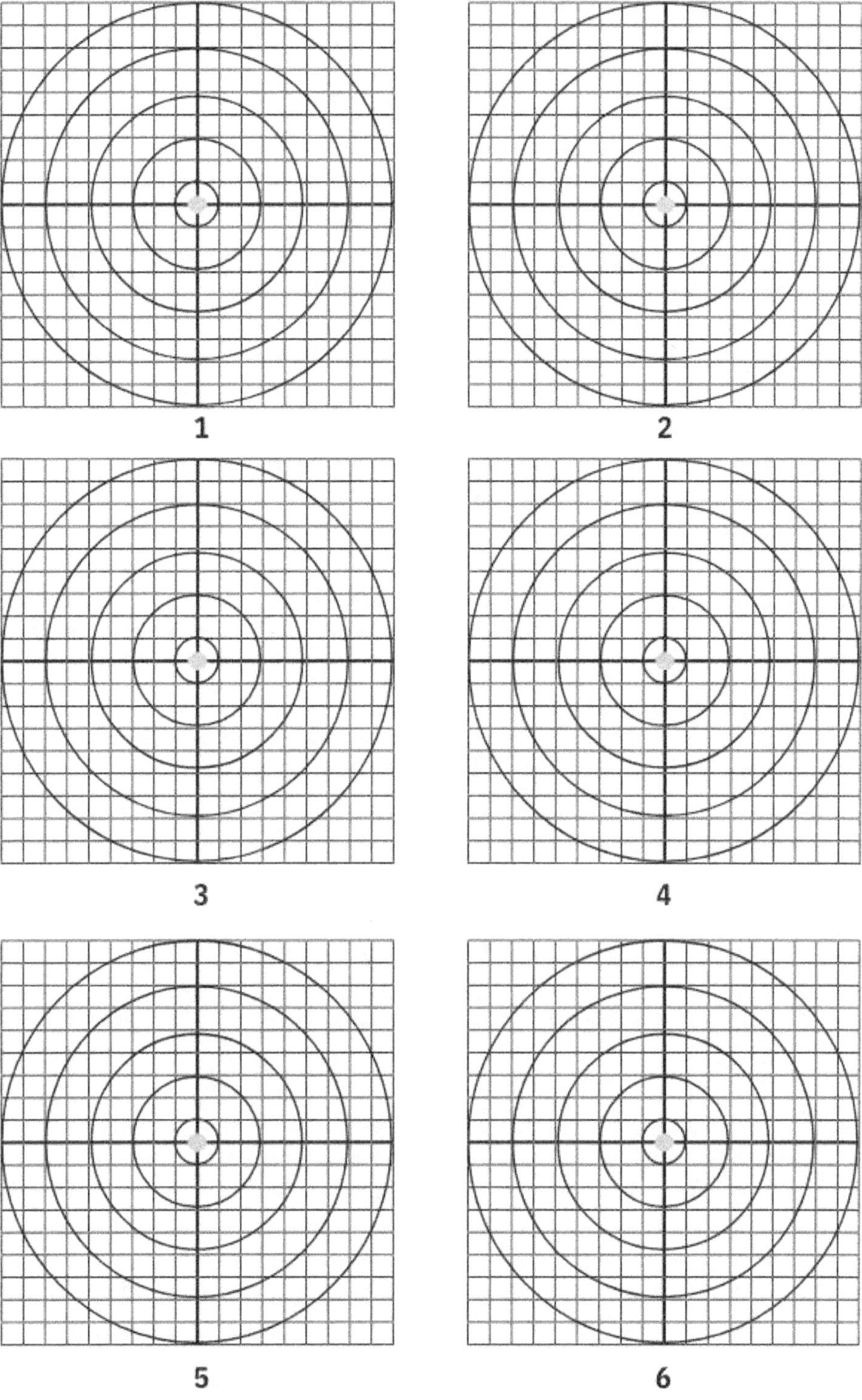

Une idée de cadeau parfaite pour les débutants et les professionnels

Livre de données sur le tir sportif

Date: ______________________ Temps: __________

Localisation: _______________________________

Conditions météorologiques

☐ ☐ ☐ ☐ ☐ ☐ ____ ____

Armes à feu:	
Balle:	Profondeur d'assise:
Poudre:	Céréales:
L'abécédaire:	
Laiton:	
Distance:	

Résultats globaux

☐ Mauvais ☐ Juste ☐ Bon ☐ Excellent

Notes complémentaires

____

____

____

☆ ☆ ☆ ☆ ☆

Une idée de cadeau parfaite pour les débutants et les professionnels

Livre de données sur le tir sportif

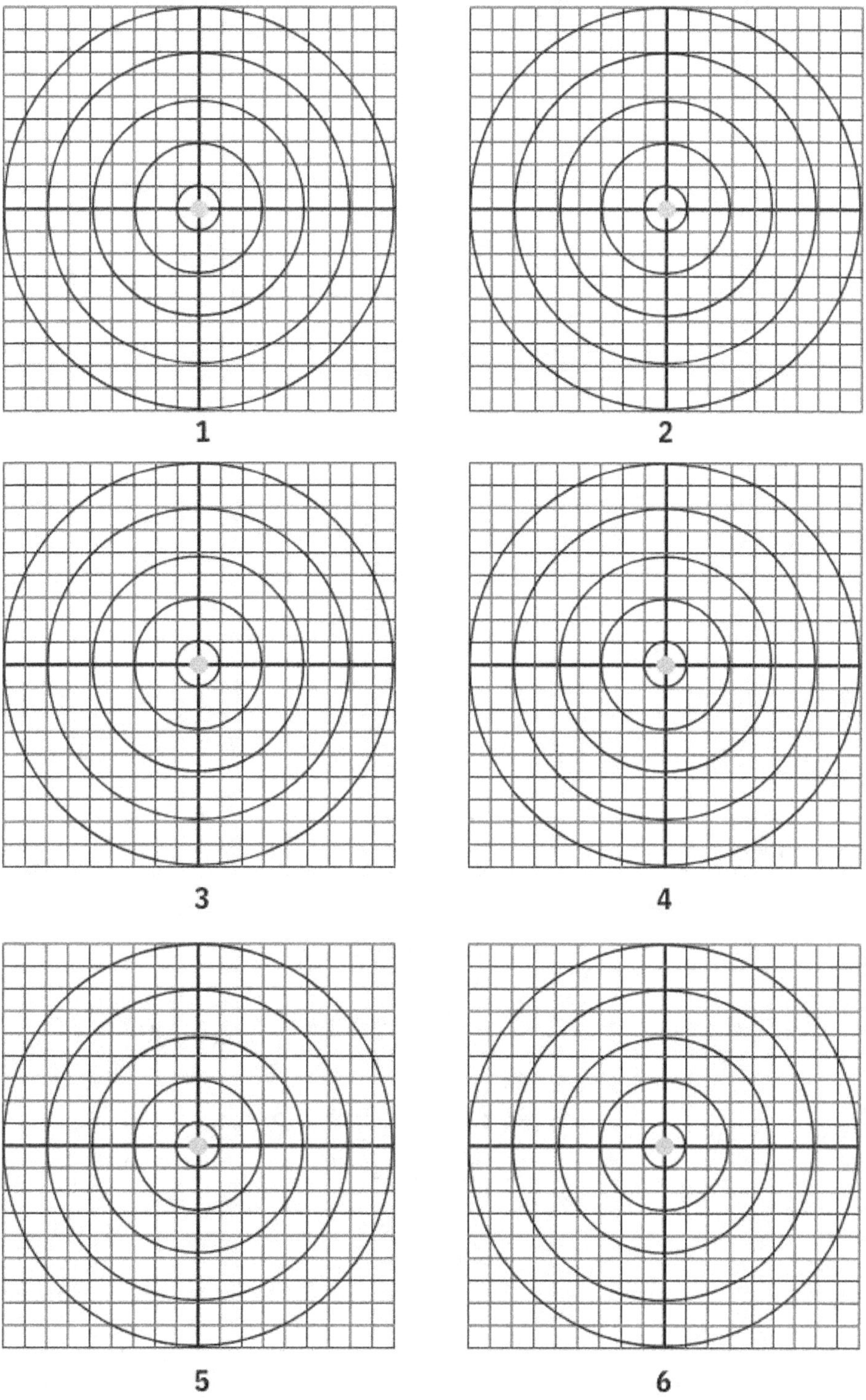

Une idée de cadeau parfaite pour les débutants et les professionnels

Livre de données sur le tir sportif

Date: ________________   Temps: ________

Localisation: _____________________________

Conditions météorologiques

☐   ☐   ☐   ☐   ☐   ☐

Armes à feu:	
Balle:	Profondeur d'assise:
Poudre:	Céréales:
L'abécédaire:	
Laiton:	
Distance:	

Résultats globaux

☐ Mauvais   ☐ Juste   ☐ Bon   ☐ Excellent

Notes complémentaires

____

____

☆ ☆ ☆ ☆ ☆

Une idée de cadeau parfaite pour les débutants et les professionnels

Livre de données sur le tir sportif

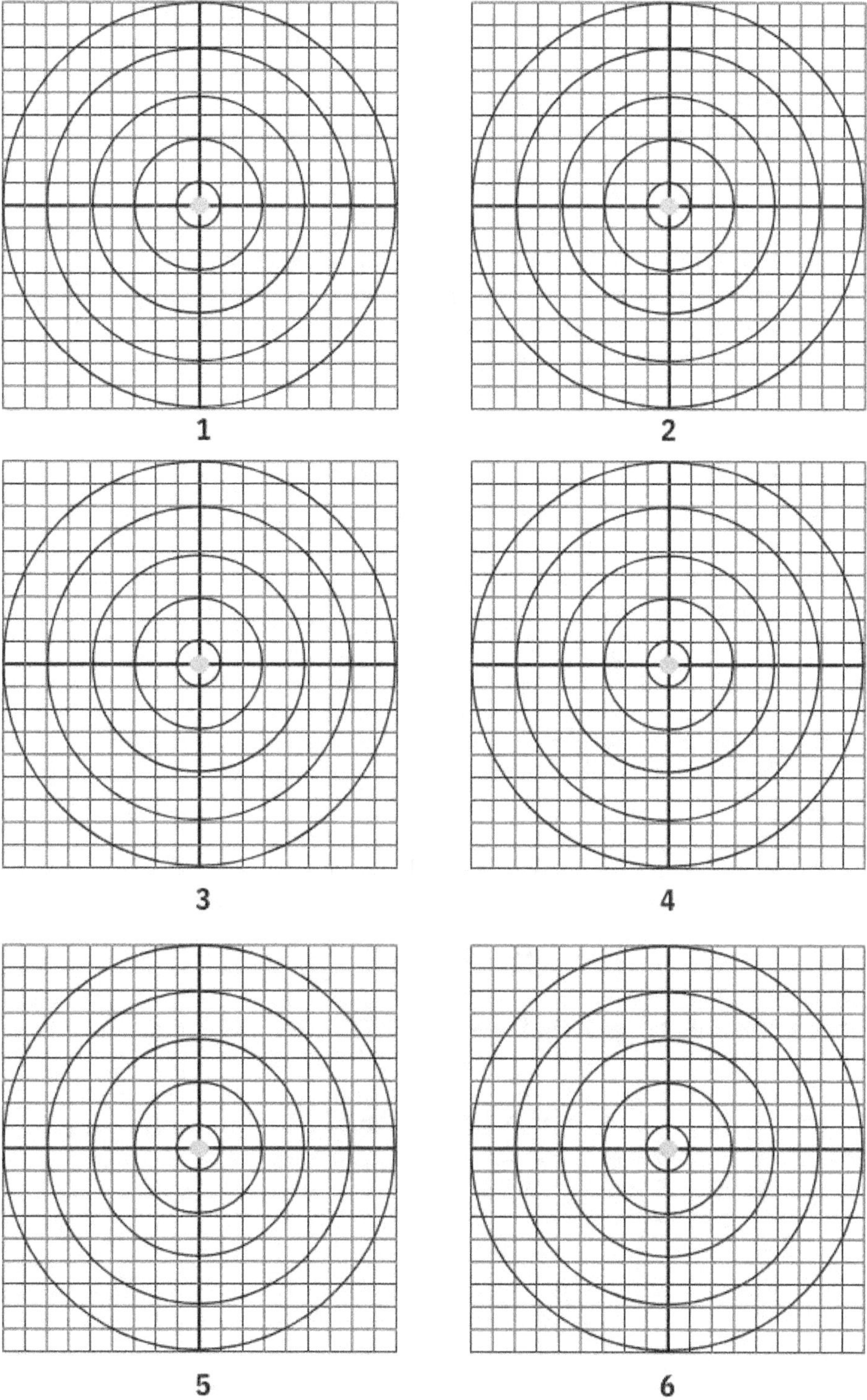

Une idée de cadeau parfaite pour les débutants et les professionnels

Livre de données sur le tir sportif

📅 Date: _________________   🕐 Temps: _________

📍 Localisation: _______________________________

Conditions météorologiques

☐   ☐   ☐   ☐   ☐   ☐   🚩 _______   🌡 _______

Armes à feu:	
Balle:	Profondeur d'assise:
Poudre:	Céréales:
L'abécédaire:	
Laiton:	
Distance:	

Résultats globaux

☐ Mauvais   ☐ Juste   ☐ Bon   ☐ Excellent

Notes complémentaires

____

____

____

☆ ☆ ☆ ☆ ☆

Une idée de cadeau parfaite pour les débutants et les professionnels

Livre de données sur le tir sportif

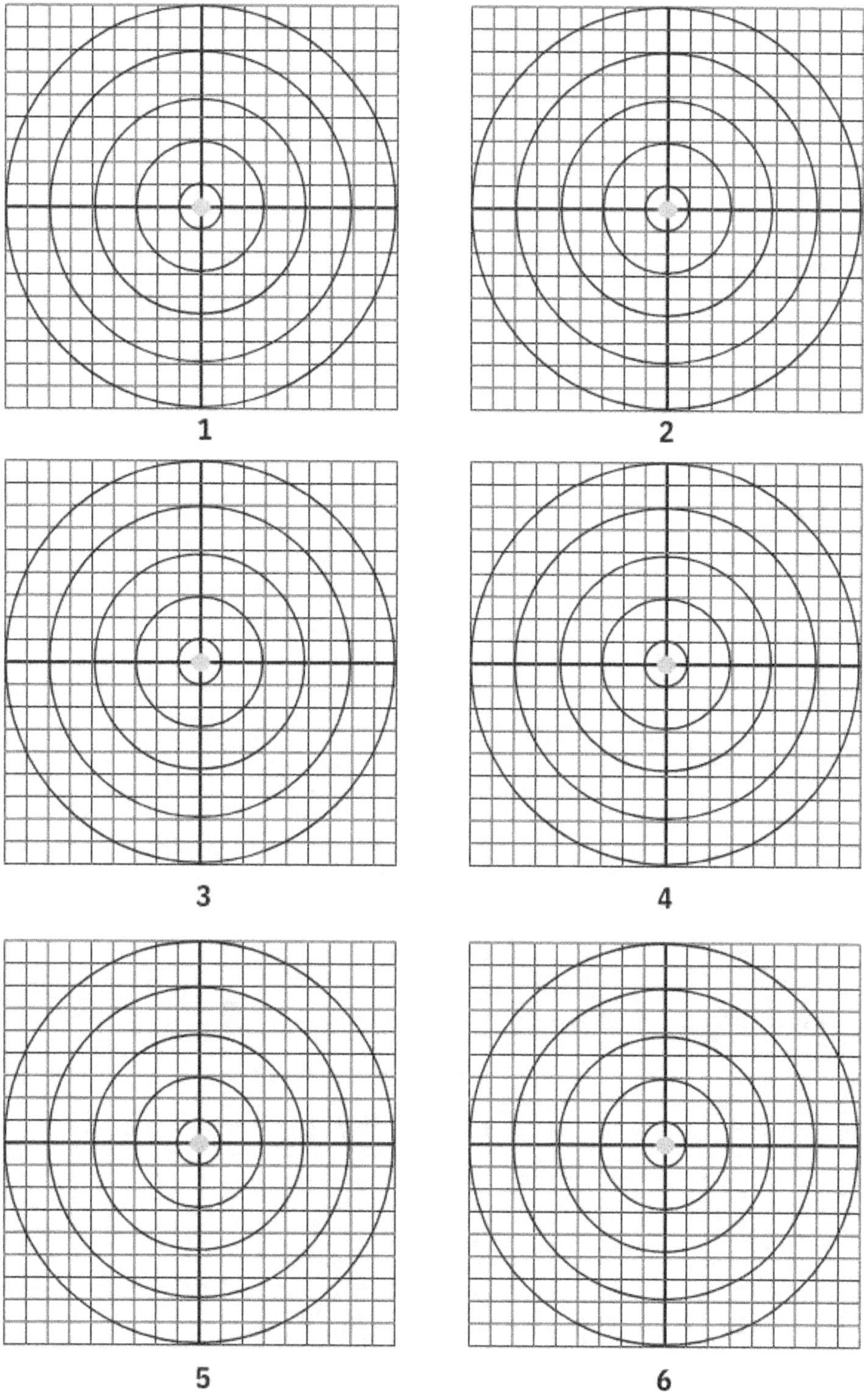

Une idée de cadeau parfaite pour les débutants et les professionnels

Livre de données sur le tir sportif

📅 Date: _______________________   🕐 Temps: __________

📍 Localisation: ______________________________________

Conditions météorologiques

☀ ☐   ⛅ ☐   🌤 ☐   🌧 ☐   🌧 ☐   🌨 ☐   🚩 _____   🌡 _____

Armes à feu:	
Balle:	Profondeur d'assise:
Poudre:	Céréales:
L'abécédaire:	
Laiton:	
Distance:	

Résultats globaux

☐ Mauvais   ☐ Juste   ☐ Bon   ☐ Excellent

Notes complémentaires

____

____

____

☆ ☆ ☆ ☆ ☆

Une idée de cadeau parfaite pour les débutants et les professionnels

Livre de données sur le tir sportif

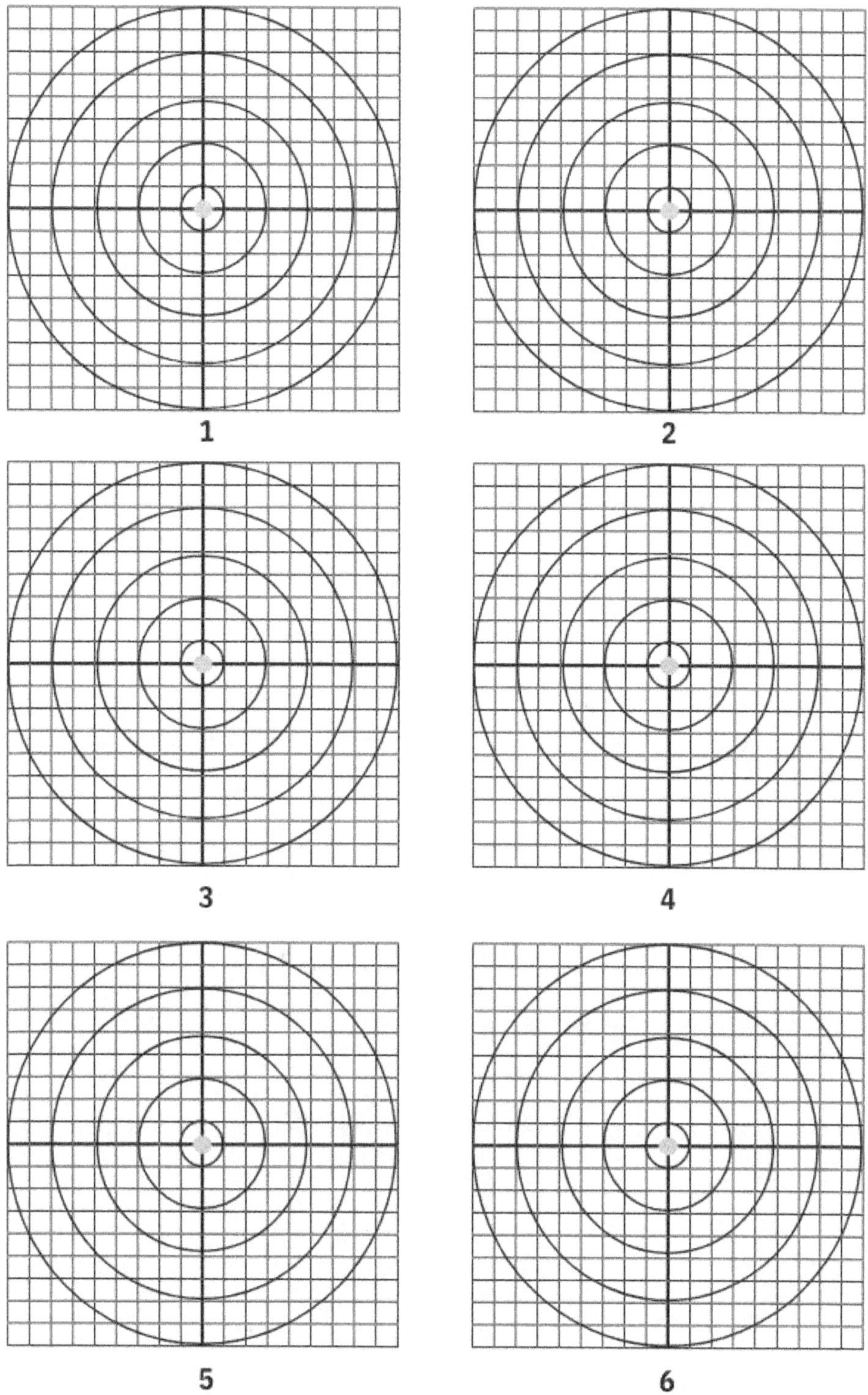

Une idée de cadeau parfaite pour les débutants et les professionnels

Livre de données sur le tir sportif

📅 Date: _________________ 🕐 Temps: _________

📍 Localisation: _______________________________

Conditions météorologiques

☐	☐	☐	☐	☐	☐		

Armes à feu:	
Balle:	Profondeur d'assise:
Poudre:	Céréales:
L'abécédaire:	
Laiton:	
Distance:	

Résultats globaux

☐ Mauvais   ☐ Juste   ☐ Bon   ☐ Excellent

Notes complémentaires

____

____

____

☆ ☆ ☆ ☆ ☆

Une idée de cadeau parfaite pour les débutants et les professionnels

Livre de données sur le tir sportif

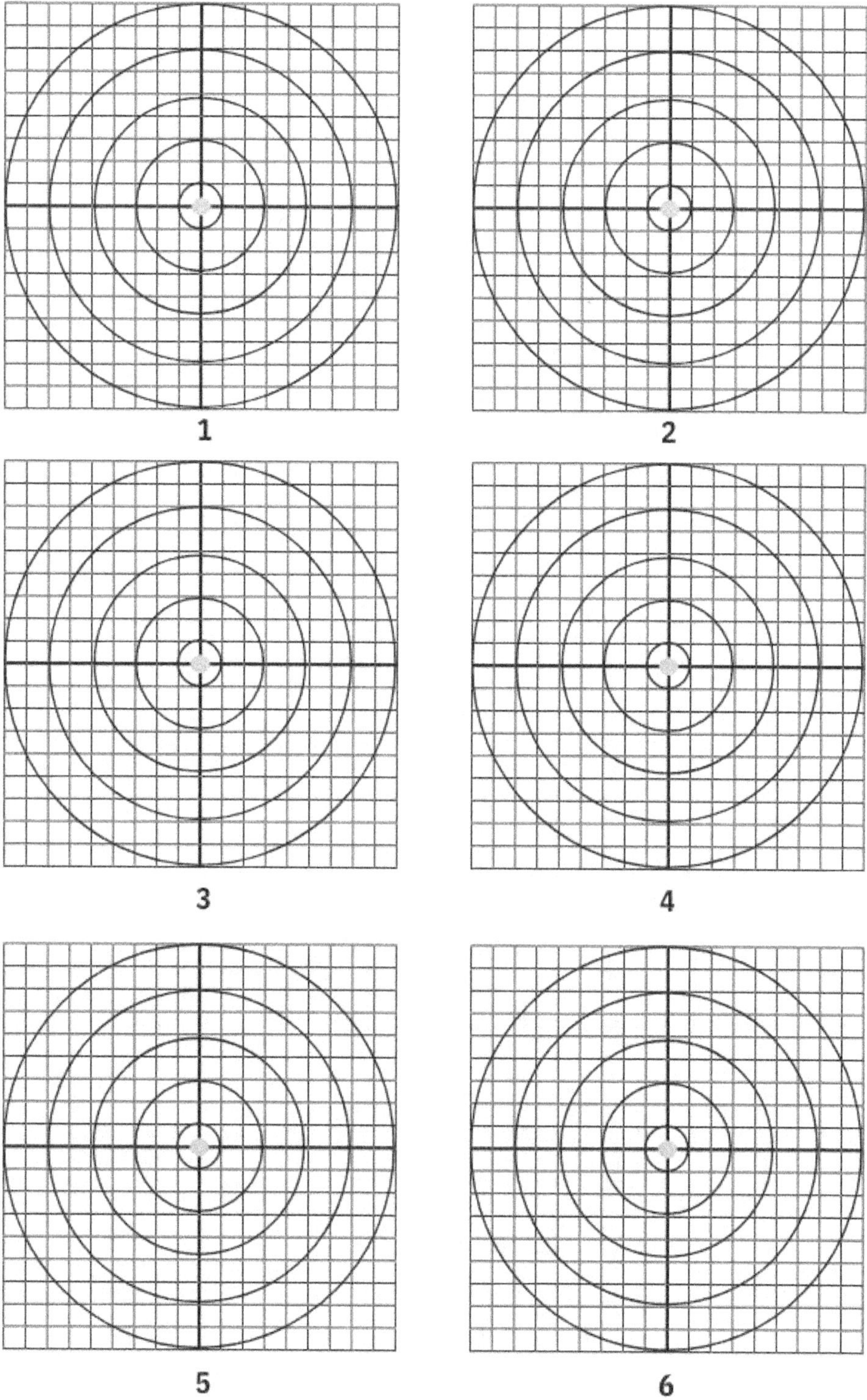

Une idée de cadeau parfaite pour les débutants et les professionnels

Livre de données sur le tir sportif

📅 Date: _______________   🕐 Temps: _________

📍 Localisation: _______________________

Conditions météorologiques

☀ ☐   ⛅ ☐   🌥 ☐   🌧 ☐   🌧 ☐   🌨 ☐   🚩 _____   🌡 _____

Armes à feu:	
Balle:	Profondeur d'assise:
Poudre:	Céréales:
L'abécédaire:	
Laiton:	
Distance:	

Résultats globaux

☐ Mauvais   ☐ Juste   ☐ Bon   ☐ Excellent

Notes complémentaires

____

____

____

☆ ☆ ☆ ☆ ☆

Une idée de cadeau parfaite pour les débutants et les professionnels

Livre de données sur le tir sportif

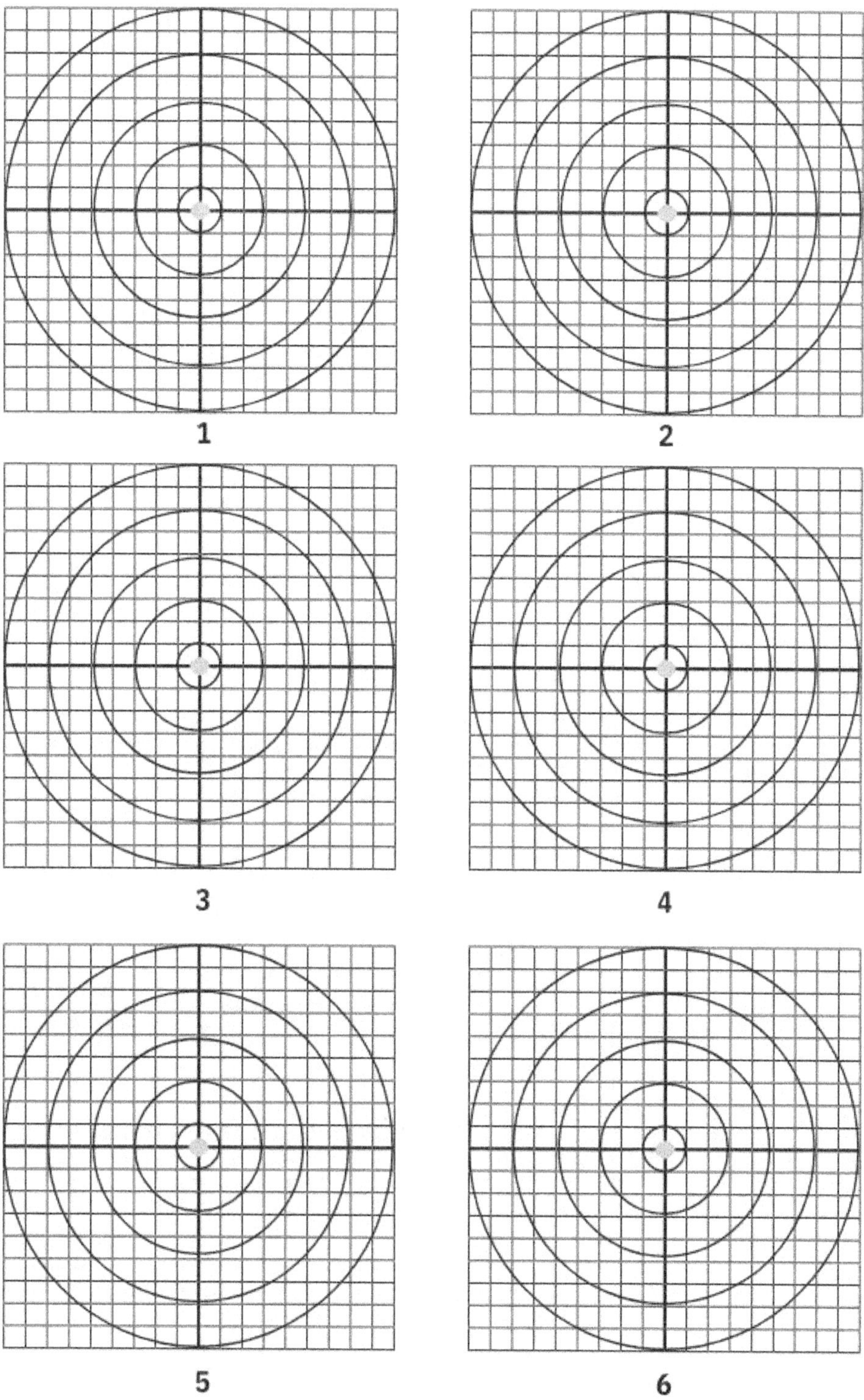

Une idée de cadeau parfaite pour les débutants et les professionnels

Livre de données sur le tir sportif

Date: ___________________   Temps: _________

Localisation: _______________________________

Conditions météorologiques

☐ ☐ ☐ ☐ ☐ ☐ ____ ____

Armes à feu:	
Balle:	Profondeur d'assise:
Poudre:	Céréales:
L'abécédaire:	
Laiton:	
Distance:	

Résultats globaux

☐ Mauvais   ☐ Juste   ☐ Bon   ☐ Excellent

Notes complémentaires

____

____

____

☆ ☆ ☆ ☆ ☆

Une idée de cadeau parfaite pour les débutants et les professionnels

Livre de données sur le tir sportif

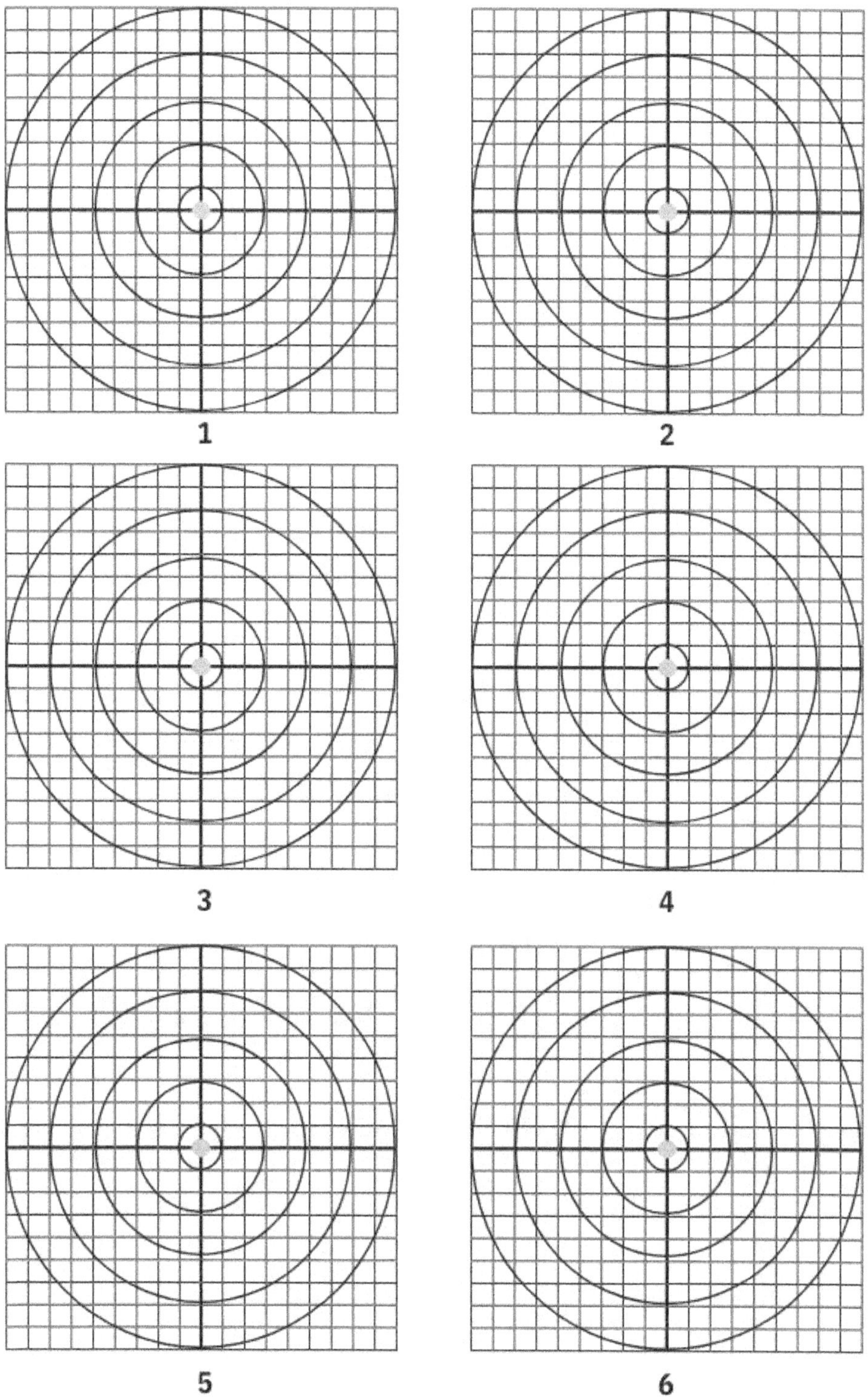

Une idée de cadeau parfaite pour les débutants et les professionnels

Livre de données sur le tir sportif

Date: _________________   Temps: _________

Localisation: _____________________________

Conditions météorologiques

☐   ☐   ☐   ☐   ☐   ☐   _______   _______

Armes à feu:	
Balle:	Profondeur d'assise:
Poudre:	Céréales:
L'abécédaire:	
Laiton:	
Distance:	

Résultats globaux

☐ Mauvais   ☐ Juste   ☐ Bon   ☐ Excellent

Notes complémentaires

____

____

____

☆ ☆ ☆ ☆ ☆

Une idée de cadeau parfaite pour les débutants et les professionnels

Livre de données sur le tir sportif

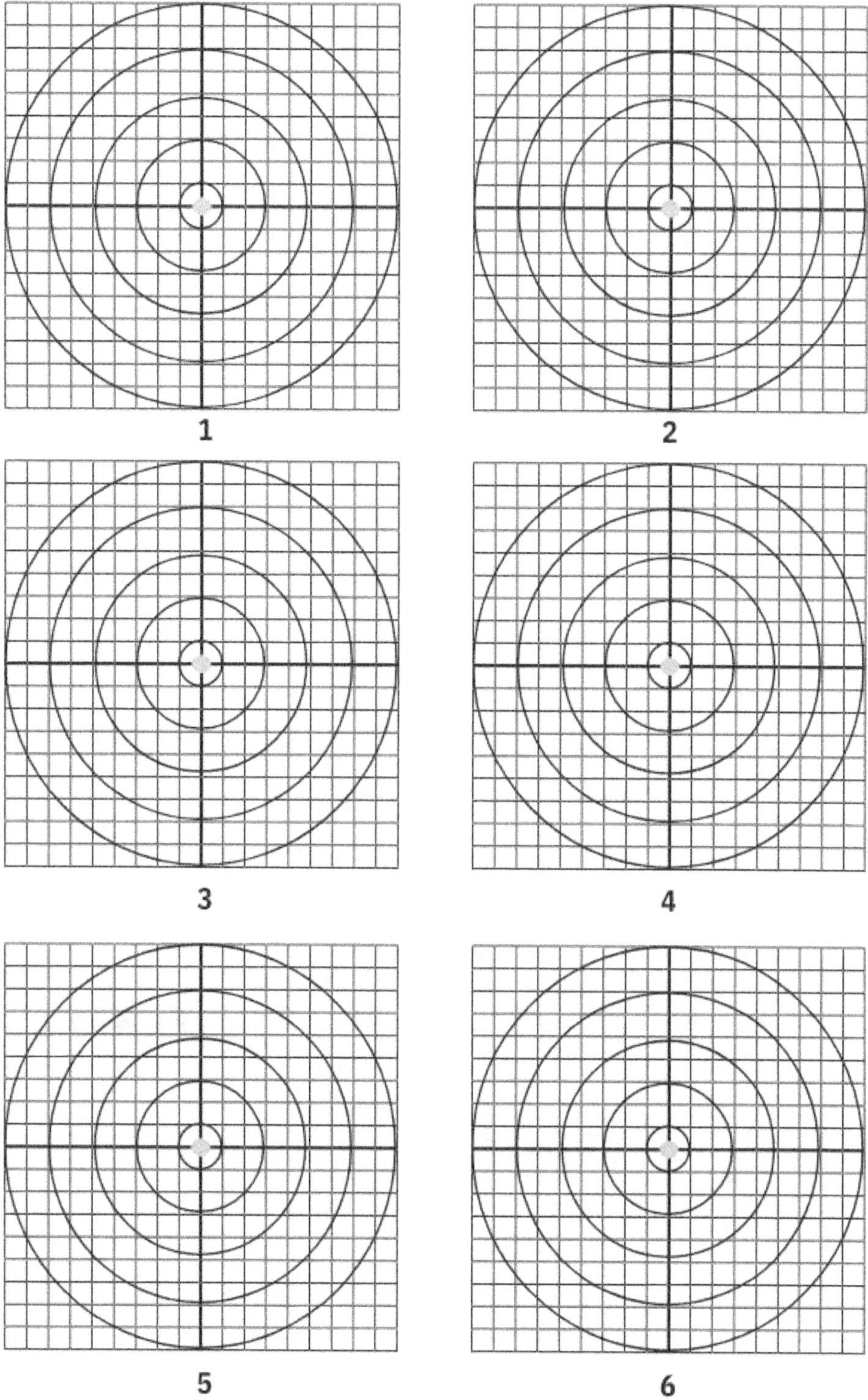

Une idée de cadeau parfaite pour les débutants et les professionnels

Livre de données sur le tir sportif

📅 Date: _______________ 🕐 Temps: _______

📍 Localisation: _______________________

Conditions météorologiques

☐	☐	☐	☐	☐	☐		

Armes à feu:	
Balle:	Profondeur d'assise:
Poudre:	Céréales:
L'abécédaire:	
Laiton:	
Distance:	

Résultats globaux

☐ Mauvais ☐ Juste ☐ Bon ☐ Excellent

Notes complémentaires

____

____

____

☆ ☆ ☆ ☆ ☆

Une idée de cadeau parfaite pour les débutants et les professionnels

Livre de données sur le tir sportif

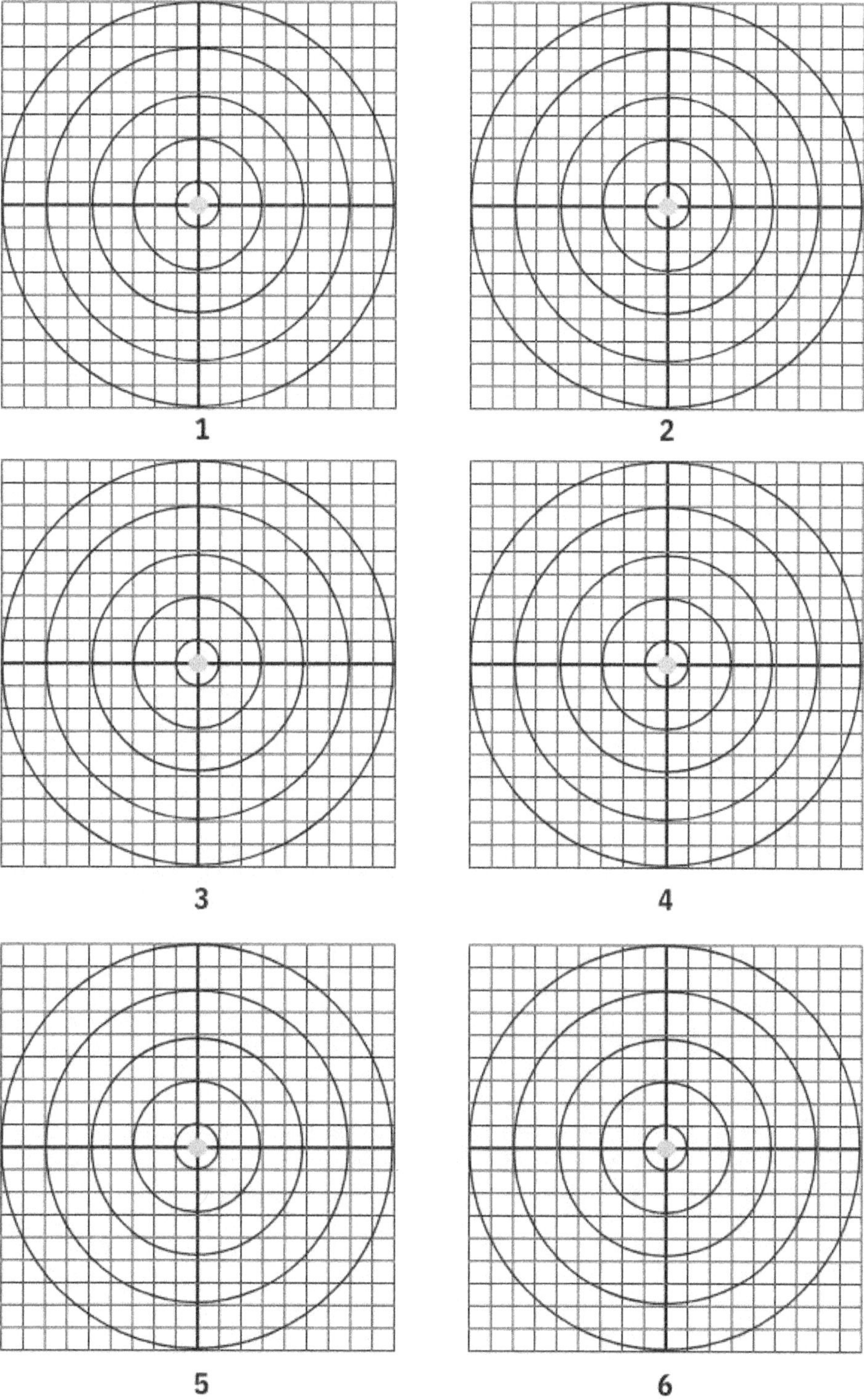

Une idée de cadeau parfaite pour les débutants et les professionnels

www.ingramcontent.com/pod-product-compliance
Lightning Source LLC
LaVergne TN
LVHW041332200726
843509LV00009B/683

9 783986 089665